不完美妈妈
不全能孩子

谢可慧◎著

ZHEJIANG UNIVERSITY PRESS
浙江大学出版社

图书在版编目（CIP）数据

不完美妈妈，不全能孩子 / 谢可慧著. -- 杭州 :浙江大学出版社，2022.6
ISBN 978-7-308-22463-5

Ⅰ．①不… Ⅱ．①谢… Ⅲ．①儿童教育－家庭教育 Ⅳ．①G782

中国版本图书馆CIP数据核字(2022)第052595号

不完美妈妈，不全能孩子

谢可慧　著

责任编辑	卢　川
责任校对	陈　欣
封面设计	VIOLET
出版发行	浙江大学出版社
	（杭州市天目山路148号　　邮政编码　310007）
	（网址：http://www.zjupress.com）
排　　版	杭州林智广告有限公司
印　　刷	杭州钱江彩色印务有限公司
开　　本	880mm×1230mm　1/32
印　　张	7.5
字　　数	130千
版 印 次	2022年6月第1版　2022年6月第1次印刷
书　　号	ISBN 978-7-308-22463-5
定　　价	49.00元

我们一家

爸爸：部队工作，长期异地分居

妈妈：创业者兼作家，亲育两个孩子成长

姐姐Grace：8岁，性格敦厚，有自我安全感

妹妹Ricky：4岁，机灵活泼，人小鬼大

·

接受自己的不完美

经常有人问我：如何平衡家庭和事业？

从世俗来看，这是很多女人都渴望解决的问题。事业家庭我都要！"既要，又要"，困扰了中国女人很多年，这成为了很多人衡量自己，绑架自己的标准。

但渴望解决，不是必须解决。这是自我要求，而不是别人施加给你的、你必须要做的。

作为女人，成为母亲后，很容易在事业和家庭间来回挣扎。仿佛所有人都有资格要求你：你要成为一个好女人。

如何定义一个好女人？

事业成功，家庭不幸福的，被人非议。

事业平平，又被人说不够上进。

事业和家庭都不行的，更是被人指指点点。

那么事业成功、家庭幸福呢？是的，周围人都说你很幸福，但是，那又怎样？

女人不应该被定义，妈妈更不应该被绑架。

允许自己犯错，允许自己不完美，允许自己无法平衡工作与家庭，是对自己的解压，也是给自己更多的宽容。

妈妈不是超人，妈妈也不是必须成为超人。

焦虑的妈妈，养不出性格平和的孩子；过分追求完美的妈妈，也不一定能养出十全十美的孩子。

真正的幸福，从来不是源于完美，而是源于接纳。

接纳平凡的自己，接纳平凡的孩子；

接纳不够完美的自己，接纳不够完美的孩子；

接纳拼命努力却不够好的自己，接纳用尽全力却未必足够优秀的孩子。

今天，我把这些文字整理成一本书的时候，最本初的想法是：

希望每一个女人能够卸下包袱，勇敢做 80 分自己，60 分妈妈。让孩子也是，做 80 分自己，60 分孩子。

幸福的本真从来不是完美，而是悦纳。不完美的妈妈，不全能的孩子，也可以过得很幸福。

毕竟幸福，不是只有完美这一个答案。

目 录
Contents

PART 1

妈妈们的危机

结婚后，比经济独立更重要的，是精神独立

结婚七年，老陈总跟我说：你能不能浪漫一点？我从来没想到，跟你一个看上去还不错的女人谈恋爱、结婚是如此理性的事情。你高中时候，明明不是这样的啊！

其实，我跟他恋爱，恰恰是因为喜欢他的不浪漫。不浪漫的人有太多优点了：不太会有其他女孩子喜欢，做事井井有条，不容易被情绪左右，交往不费心。

可他选我，除了工作、家庭方面比较匹配，其实最希望的，是我身上的浪漫，能够补他的死板。

事实证明，完全是他想多了。

我们的结婚，连求婚仪式都没有。好像是一个七夕，他从杭州

赶回来。那个时候我还在绍兴当公务员，下班的时候，在单位门口看到他，简直吓了一跳。

他用一个月的工资，给我买了一台苹果电脑。他说：那天，我看到你在淘宝页面搜索苹果电脑，觉得你一定是想换电脑了，所以给你买了一台。

我真是哭笑不得，其实并不是这样，我只是想看看苹果电脑到底有啥性能，而且我是很习惯 Windows 系统的。后来很长一段时间，我都在学习苹果系统怎么使用。

情人节的夜晚，我们一起吃饭。他说：我记得你说要 28 岁结婚，那正好，今年我们 26 岁，明年准备结婚，后年一开年就能结婚了。

我们的婚礼，确实是在正月。

每次，别人问到我们结婚的细节，我们都会词穷。没有父母的反对，也没有什么互撕的场面，我爸妈不计较彩礼，他爸妈也认可我们的婚姻，没有波折，也没有山盟海誓的浪漫。

结婚后，我努力工作，他也努力工作。异地婚姻有距离的冷酷，但也有最大的好处：让你有缓冲的时间，自己独处。

对于我来说，爱情是一种奇妙的体验，婚姻也是，何况还是和一个自己喜欢的人在一起呢？

可是，就算如此，对于我们是不是真的能够白头偕老，我依然是不确定的，甚至不抱太多期望。

三毛看多了，对爱情会有向往；张爱玲看多了，对爱情会有思考；亦舒看多了，对爱情就多了点执着。但偏偏于我，不过是看着别人的故事，过着自己的日子。

在婚姻里，我不是一个悲观主义者。这样的不悲观，不仅仅是对于婚姻，而且是对于自己。

七年间，我们对对方的手机没有兴趣，也懒于去彻查对方的异性朋友。我跟异性朋友出门的时候，他也轻轻松松，不会有什么妄想；他跟异性朋友联系的时候，也很大方，聊完会跟我说说他们之间的事。

这除了信赖，更是一种对对方交际的认可和对自我的笃定。过度捆绑对方，从来不是好事。反而松弛一点，把婚姻之路当作陪伴彼此的旅程，会看得更通透一些。

能走一路就走一路，能走一世就走一世。我跟老陈的婚姻，本来就不被很多人看好。

也有人说，终归是要约束他，毕竟你们俩财务独立，他的钱从来不交给你。抱歉，我从来没有这样的心思。我说，随便吧。留得住的人，不需要管；留不住的人，我也不强求。

在婚姻价值体系里，比管男人重要的事情，还有太多太多。

我一天工作十多个小时，写稿、查资料、选品；还要花时间陪伴孩子，要带两个孩子去兴趣班；如果空下来，我会去练练瑜伽，锻炼锻炼身体。

而跟老陈的电话，不过是一周两次。

他也常问我：你真的不想我吗？我说：想，但我没有太多的时间来想这件事。这只是我 N 多工作中的其中一项，与太多的事，并列第一。

并列第一，是重要，但和你一样重要的事情很多。这大概也是我人生序列里的幸运，不会因为婚姻经历太多的大喜大悲。

我们经常强调经济独立，其实，我认为，当代女性的精神独立，远比经济独立重要太多。婚姻里的精神独立，会让两个人很舒坦，也不会感到窒息。

我碰到过一个女性朋友，自己很能赚钱，但又特别敏感，老公脸上一有小情绪，她都会特别紧张。

一次，她跟我见面，其间一直闷闷不乐。她说，早上出门的时候，跟老公争了几句，大家都很不开心，这让她很害怕。那种抑制不住的沮丧满溢在她脸上。

吵架本来就是婚姻常态，如果说不必介怀是假，那么过于当真也用不着。

她说，自己担心了一上午，坐立难安。其实，每次她都是如此。

我很疑惑地问她：你到底在担心什么呢？吵架不开心的是两个人，该道歉的是两个人，最后释怀的，也该是两个人。如果没有那么笃定双方能够消化这份情绪，那么何来对这个爱情的坚定？

放心吧，别太担心。如果这点争吵，都要你率先低头才能化解，那么对于今后的一切，显然他还没准备好。不如放下，想想最坏的结果是什么，你是不是能够承受。

后来，她告诉我，她一想到，最坏的结果，不过是分开，而分开的结果，或许是伤心，但绝不是活不下去，她就释然了。

是啊，何必呢？想想没跟他在一起的这么多年，自己也好好过来了，怎么会突然因为一份爱情的失去，而过不下去？真的是想太多了。

我们需要爱上婚姻，但绝不仅是依赖于婚姻，太多的女人在战战兢兢中害怕失去，殊不知，这除了让自己心累，别无他用。

活到这个年纪，对两个人的关系应该有成熟的认识：离开我，你不一定会不幸福；我离开你，也不一定真的活不下去，所以有生之年好好珍惜。能过日子就好好过，不能过日子就好聚好散。

或许，婚姻里很多年的生活就像白开水，貌似索然无味，但它不存在的时候我们也会想它，但又会有可以调节生活的其他事情。

热爱婚姻，也不害怕离婚，希望我们每个人都能懂。

女人啊，千万不要为了老公生孩子

闺蜜 Jerry 打算明年要孩子，这个消息在我们朋友圈里引起了震惊。要知道，Jerry 结婚三四年都没有要孩子。每次我们问起她，打算何时要个孩子时，她都说：不着急，还没准备好呢。

准备好了就生，不准备好就不生。我跟我老公是这样说的，我老公也很支持我。Jerry 说的时候特别自豪。

Jerry 是个很有主见的人。记得刚结婚那年，婆家和娘家连着催生，她索性把大家叫到一块吃了个饭，摆明着告诉他们：我没做好准备，是不会生娃的。

总是有女人在压力之下生小孩，为了老公，为了婆家，为了娘家，甚至为了是男孩还是女孩焦头烂额。结果呢，生下孩子后生活一团糟，除了把自己搞糟糕了，还把孩子也搞糟糕了。试问：你们考虑过孩子的感受吗？这样的生活，还不如不结婚呢！

当时，觉得 Jerry 实在太酷了，又觉得这样的生活，估计她也坚持不了太久，没想到这一坚持就是三四年。

"生孩子前，我要准备给孩子足够的教育基金；我要调整我自己的作息，我不想让自己不规律的作息影响孩子；我有喝酒的习惯，但我要戒半年酒。"

这一次，Jerry 是真的都准备好了。过去的几年她升职加薪，一路开挂。每天按时睡觉，饮食异常规律。

是啊，女人如果连自己的子宫都不能主宰，何以谈人生呢？

碰到过很多挺焦虑的女人，说到底都是庸人自扰。

"我老公说今年必须生孩子，但我不想生怎么办？！"

"婆婆家逼得紧，说二胎必须今年生，可我还没做好准备呢！怎么办？！"

"我现在太累了，但好像周围的人都在催我生孩子，我老公也是，几次都怀不上，怎么办？！"

怎么办！怎么办！怎么办！但这世界上哪有那么多的怎么办？

女人的独立，首先是对自己子宫的独立和尊重。现在已经实施了三孩生育政策，但无论是不是放开，优生优育这个政策不会变。

很多人说我有点女权。什么是女权？女权的基本要求就是女性在生活、自由和对幸福的追求上具有和男性相同的权利。

也就是说，婚姻和生育从来都是需要两个人一起来完成的。一方对另一方，并不具有完全的支配和控制权。

在家庭、育儿上，你更需要的是多问问自己，多问问对方：生孩子这事，我准备好了吗？你准备好了吗？

恕我直言，大多数男人女人，根本就没有准备好，就已经成了父母。为人父母不需要考试，是真的；自己心理上还是个孩子就做了爸妈，也是真的。

而最后的结果呢，男人大可以甩甩袖子，女人却后悔万分。对于骨肉亲情，女人是最最放不下的。

女人到底为什么生孩子？有的是为了绵延子嗣，有的是为了摆脱催促，也有的是为了让自己有所依靠。

无论怎样的理由，其实都没有关系，都是可以理解的。但所有的理由中，女人都应该清醒的一点是：我想生孩子，不仅仅是为了谁，而是因为自己做好了充足的准备。

千万不要独独为了谁去生娃。盲目生娃的女人很可悲，没有选择权的孩子很可怜。

我生二胎之前，家里很多人都说，趁孩子小，抓紧时间再生一个，两个孩子年纪隔得近，可以互相陪伴。

也有人说，反正第一胎是女儿，第二胎女儿儿子都可以，是儿子就最好啦。我说：我现在不愿意生，等我愿意生的时候，再考虑吧。

在我的观点里，生儿生女都一样。跟我关系最大的是：

第一，小孩在我身体里要待 10 个月，这 10 个月可不是老公打个电话，婆婆妈妈安慰几句就可以过去的，这 10 个月我得慢慢熬。

第二，剖宫产至少得间隔两年。虽然说，剖宫产的女人不是只有我一个，但我觉得疼，这一刀我愿不愿意挨是我自己的事。

第三，以后养娃这件事，女人操的心比男人多。男人搭把手，那就是好爸爸了；女人稍微放松一下，就立刻变成不负责任的母亲。虽然谁都绑架不了我，但我愿不愿意操更多的心，我得先问问自己。

第四，家里钱够吗？生娃养娃都是费钱的事。虽然不能说孩子是钱堆出来的，但能力范围内总想给孩子最好的。盲目生娃，是女人对自己最大的不尊重。

考虑完这四点，今年我觉得自己做好准备了，于是决定要了二胎。

对于那些你"二胎是不是要儿子"的言论，我是坚决不会理睬的。

我生孩子的时候，就是自己想要孩子的时候。

说到底，是不为了别人的意志而生孩子。多样化的家庭形式都是可以被认可的：多子嗣抑或是丁克家庭。生孩子的决定权说到底，女人应该占据很大一部分。

男人要明白，你娶的是老婆，不是生育机器，双方要思想同步，遇事互相商量。当然，要是你一心想要一个生育机器，不如先告诉人家，人家还愿意嫁给你，也无可厚非。

　　而女人，不要放弃自己要走的每一步路的选择权，生孩子虽然不是你一个人的事，但是你千万不要放弃这份选择的权利——say yes or no，你可以选择。

　　你有你的子宫，是上天赐给你的独一无二的权利。你跟子宫say yes 的时候，再去为了孩子 say yes ！

每个当妈的，都感觉自己有病

一个读者，做全职妈妈 5 年，最近来跟我倾诉：大学毕业，工作 3 年后嫁给了现在的老公，结婚生子。那个时候，老公事业刚起步，因为离家远，没有老人愿意来带，她不得已成了全职太太。现在的他们，有了别墅、豪车，儿女双全，老公也对她很好。每天按时回家吃饭，很少出去应酬，家里有阿姨。但她却觉得自己好像已经抑郁了。

她想要去工作，自己的专业是英语，但她发现做全职太太 5 年后，很多公司并不是很愿意选择她。他们更喜欢刚大学毕业的年轻人，因为年轻人对于新事物的接受能力比她强太多。

每个月的 5 号，老公会准时给她 1 万块钱，有时早一点，有时晚一点，但她总害怕老公不给她。她不敢跟老公吵架，努力保持自己的身材和脸蛋，不敢懈怠。她说："不好意思，我除了为我自己，也是为了让老公能多看我两眼。"

我听完她的描述，内心有点悲凉。

我们总说：你所看到的世界，不一定是你看到的世界，而你见到的人，也未必真的是那个人。她就属于这样的情况。

之所以说这个故事，是因为前两天，我看了一部韩国的影片《82年生的金智英》，这是根据一本韩国小说改编而成的电影。

我在百度百科上看到这一段："《82年生的金智英》自开始制作以来，围绕该片的男女矛盾的争执声音一直不断。电影尚未上映就收到很多低分和差评，甚至在青瓦台还出现了要求停止制作该电影的请愿。影片上映当天，韩国门户网站Naver上还出现了与该片叙事风格相仿的、用于讽刺该片的男性长篇诉苦文章。"

而一些全职妈妈的真实境遇呢？

笑语盈盈的背后，却已眼泪倒流；你以为她拥有了老公的长期饭票，实际却是自我价值的无法实现。

更别说还有大量的误解：你不工作，让你带个孩子，怎么还带不好呢？你看看你带的孩子，问题怎么那么多？孩子上学后，你一个全职妈妈在家里还有什么事情可以做？

不被理解，对于全职妈妈，到底是怎样的焦虑？

是你每天惶恐度日，生怕对方挑刺，但是又不得不接下去做——为了孩子、为了丈夫、为了家庭做出的牺牲，最后换来一句"你不就是在家带个孩子嘛"。

《82年生的金智英》简直炸出了一堆女人的心声。但事实上，更多的女人，在全职妈妈这个角色里，根本没有金智英活得那么好：有不错的房子，有体贴的老公，虽然夫家老人苛刻，但丈夫却护着她。

这让我想起电视剧《第二次也很美》播出的时候，很多人很感动，可这哪是什么全职妈妈的现状，简直太不符合全职妈妈的境遇了。

出门带行李忘了娃；开车出门不加油，因为看手机忘了踩刹车，不会看导航；要去外地都不知道先给手机充电。

不知道编剧有没有当过全职太太。

我认识的全职太太，哪怕家里有阿姨，也都是忙到四脚朝天，根本没有太多的个人时间。孩子的兴趣班要安排，孩子的食物要安排，孩子的吃喝拉撒也要安排，最后让阿姨去做是另一件事。全职妈妈甚至约等于免费保姆。

但还有一类女人，是完全因为牺牲而成为全职妈妈的。她们并没有很大的房子，出门也没有汽车，当然了，更没有可以为她里里外外张罗的保姆。

她们每天做饭做菜、打扫卫生，接送孩子放学上学，还有伴读。

她们穿梭于城市的街头，每个月老公只给微薄的生活费，然后不得不精打细算每一分钱。

她们可能也曾经在写字楼里光鲜亮丽地打拼未来，但因为无人带孩子而回到了家庭。

可是，有没有人想过，她们牺牲掉的不仅仅是这些年的青春，更是她们最佳的发展机遇期。当她们再回职场，世界已经不是她们曾经熟悉的那个世界了，而她们的竞争力几乎因为时代的快速变化而荡然无存。

有一个全职妈妈跟我说过的一句话，还让我蛮有感触的。她说：我可能从来不图家人的一句感谢，因为这是我应该做的。但我渴望的是他们的一份理解，理解我为家里做出的牺牲，理解我的价值是可以被量化的。

理解和尊重，是对全职妈妈最好的，也是最深的关爱。

我出门的时候，很多人问我是不是全职太太。他们总觉得，我的全身心都扑在了两个女儿身上，为她们付出了大量的时间和精力。

我摇摇头。几乎所有人都有一种吁了口气的感觉：你千万不要当全职太太，真的太累了。工作不一定会令你身心疲惫，但带娃一定会。

没有地位、没有价值认可、没有理解，是整个社会对全职妈妈的误会。如果职场妈妈是需要平衡事业家庭的话，那么全职妈妈根本没有这个机会，因为她把所有的价值都奉献给了这个家庭。

我真的不希望看到，有全职妈妈再来向我哭诉自己的境遇，充满不被理解的心痛和牺牲之后的迷茫。这些妈妈都感觉自己得病了，而所有的病因，可能真的是因为——无处安放的自己。

我想说：给全职妈妈、给职场妈妈最好的爱，永远是发自内心的尊重和爱，这些都会成为她们人生向上的能量。

愿你我行善为善，也求仁得仁。

被逼成泼妇的中年女人

　　5 年前的我，应该打死也想不到，那股与孩子对抗之后心中的怒火，真的可以让人气急攻心、血压飙升。甚至控制大吼大叫，也会有点难。

　　5 年前的我，抱着一周岁的女儿 Grace，还发过誓：等到她长大了，我可千万不能像邻居那个大姐，孩子一做作业就大吼，一读错英语就大叫，一做错数学就忍不住捶桌子。

　　然而，5 年以后，我应该已经成为别人眼中的大姐。

　　孩子数学不会做的时候，打不得，骂不得，只能气到自己落泪；看到孩子英语自然拼读屡屡出错，急到跺脚，明明前一遍还流利无比，后一遍又是"嗯啊"不断，深深怀疑女儿服用了"失忆片"；玩的时候像条龙，跳绳的时候却像只虫，也只能不停地说：你倒是跳啊，跳啊。

我爸说：有时你家我真的一分钟都待不下去，孩子翻开书的那一刻，感觉气氛就异常凝重。大概是他的女儿我许久没有上学了，许久没有升学的压力了，所以他俨然忘记了他当年的狰狞。

高中之前我还算是个优等生，高中选了理科之后我成绩不保。每次考完试我爸就给班主任打电话，打完电话就开始"喷"我。

我说，我当年考试不好，也是被你这样一路骂过来的，怎么现在就接受不了我的生气，而且我还是生闷气，可不比你当年的冷嘲热讽。我爸失语。家里有个孩子，鸡汤都是写给别人看的。

每个学习路上的孩子爸、孩子妈，都会秒变金刚，再崇尚岁月静好的人，也会有暴跳如雷的模样。

我经常感觉到被打脸，因为我越来越意识到，我可能真的没有看上去那么好脾气。

我也一万次告诉自己，本人也不是什么高智商、出类拔萃的人，对女儿要顺其自然。但我还是会忍不住告诉女儿：你一定要好好学习，千万不能落后。

虽然现在的"双减"已经落地，但我们真的能做到对孩子学习减少要求吗？

20年前，我还是初中生的时候，就有过一段"减负"时光。学校规定：每天早上 7:30 进教室。然而，我们 7:00 到教室门口就开始读语文、背英语了。7:30 开教室门就一溜烟地坐在里面。

看到同学们都提前到校，你好意思等到 7:30 吗？

"减负"与"不减负"的区别仅仅是：在教室里坐在椅子上读书和在教室外面蹲在地上读书。

一个残酷的事实是：走上社会后，当年勤奋努力的同学，确实比拖延怠工的同学优秀很多。

越来越多的父母，其实对一个理念深信不疑：保持孩子天性绝不是任由其发展。大多数普通人，真正拉开彼此差距的方式是谁比谁更努力。

闺蜜比我大 5 岁，比我生孩子早。很长一段时间，她的情绪波动，都来自自己的孩子。

孩子考得好不好，绝对会影响下一次聚会的质量。我说，不管孩子考得好不好，咱饭还得照吃，开心还是照样得开心，玩还是照样得玩。人生，可不能被孩子绑架了。

闺蜜冷笑，我希望你 10 年后，依然能够跟我说这句话，前提是你生孩子的话。

一临近期中期末考，她就会消失在朋友圈。我几乎可以根据她的状态掐着手指感受到她孩子什么时候考试了，什么时候考试结束了，什么时候考得好，什么时候考砸了。

事到如今，嘲笑过她的我终于开始被打脸。

记得 Grace 一次逻辑作业做砸了，我内心的小野兽真的憋不住了：明明是已经会做的题目，怎么还是错？明明教了好几遍，开始读写的时候还是答不上来。明明……

是啊，孩子真的有太多的"明明"，可以让我们气急攻心。可我们也有太多的不淡定，让孩子惊慌失措。

一个做教育的朋友，跟我说过一段话，大意是：许多时候，我们的耐心，真的不如其他动物。鸟可以教自己的孩子搭窝，一次又一次；猫狗可以教自己的孩子觅食，一次又一次；大象、老虎、狮子这些大型野兽耐心地带自己的孩子踱步、玩耍；但我们人类呢，对自己孩子的耐心，正在一点点减少。

不愿意给孩子成长的耐心，也不愿意给孩子犯错的机会。我们可以为孩子任何不够好的过程焦虑，但真的不能不给孩子努力以及改变的机会。

确实，父母努力一点，孩子成才的可能性，就更大一点。但如今，我慢慢希望，自己有一点点微小的改变：

比如，不要再做那个大吼大叫的妈妈；

比如，不要再做那个张牙舞爪的妈妈；

生只要一时，养却要很久，这功课，还是得慢慢做……

被完美妈妈绑架的中年女人

有一段时间，因为搬家的各种琐事，跟老公的关系也出现了小问题，现在想想，很多时候，真正的苦不是苦，是不被理解。

今年江南的天气实在不太好。入伏的日子，气温忽上忽下得让人有点不知所措。在这个关键时刻，Grace 又迎来了一波咳嗽，鼻膜炎外加咳嗽，所以需要雾吸、吃药。

当然，我被家里人质问也是不可少的。比如，出门为什么不给孩子多添一件外套；比如，前一天流了鼻血，为什么都没看出这是咳嗽的兆头；比如，半夜咳嗽的时候，为什么不直接送医院。

我也没有争辩，对于这些要求，我只能说：当妈的，不，反正我没有这么大的能耐。

在这经常 30 摄氏度的季节，穿长袖也实在有点捂，而且书包里已经放了长袖，也算是做足了准备；流鼻血我真看不出跟咳嗽有什么关系，毕竟我也不是医生；晚上大概咳了四五次，我打算等天亮了去医院，中途也给她喝了水。不好意思，我也想睡觉，第二天还要写稿。

当然，对于这些质问，我都接受，但我不高兴：为什么我必须时刻看出生病的苗头？

这周妹妹 Ricky 又去打预防针，回来后手臂略微有瘀青。老陈在视频那头说：你怎么没看出来呢，手臂有瘀青，我隔着屏幕都能看到。

我承认他并非有心指责我，但作为当事人，我实在不甘心接受他这样的质问。我压住怒气，挂了电话。

想起每一次，只要孩子生病，就会"涌来"来自四面八方的质问。对，他们总会说：这不是为了孩子好吗？别人的事我们才懒得管。

这样的情况最后都会以我的一句怒吼结束：孩子生病，就都是我的错吗？

鸡毛蒜皮的小事多了，有时总想给自己来个角色总结——背锅侠。不过幸好的是，我从来不会为此屈服。对于我来说，我从不要求自己完美，我只要求自己尽力。

别人大可以说我不是一个完美的妈妈。这样说我没问题，因为我也从来不觉得自己是，以及必须要成为完美的妈妈。

但那些质疑别人是不是完美妈妈的人，可以在自己丰富的角色里看一看自己，是不是完美妈妈、完美女儿、完美妻子；或者完美爸爸、完美儿子、完美丈夫。

怕是谁都经不起放大镜下的审视。每一个要求别人成为完美妈妈的人，是不是能够以同样的标准审视一下自己？

我有一件印象非常深刻的事，可能不具有代表性，但可以拿出来说一说。

前段时间期末考试结束，我一个朋友来跟我说，孩子考砸了，自己被家里人"喷"到不行。

我说：孩子考砸了，跟你有什么关系？

她回答：说我没有专心带孩子；说我没有仔细检查孩子作业、给他做好复习；说我对孩子的学业抓得不紧，所以孩子考砸了。

我真是有点懵：所以，孩子考砸了，都是妈妈的错咯？

朋友自问：我哪里错了？每天陪他做作业到晚上 10 点半，尽管有时真是困得要死；手机也不看，就在外面看书，生怕打扰他；每天早上 6 点半起床给他做早饭，只要他点单的都备上；晚上准时下班，有时只能把工作带回家，你要说绝对没有影响工作，那确实不可能，跟老板拒绝过几次加班，碍于是老员工，老板也对我比较肯定并没有说什么，但我心存内疚。再说兴趣班，也都是给他找最好的。

好友一肚子委屈。当然，最可气的是，自己老公竟然可以置身事外，所有人都说：他要工作啊，没办法啊。

听完我总觉得哪里不对。

我做了牺牲为家庭付出，最后换来的是大家对我理所当然的考核。但人生如果事事可以达成目标，又何来人生无常。殊不知，在每个人的生活面前，他人的言语都是无助和苍白的，如果我们是主事人，可能未必比她做得更好。

"你为什么无法成为一个好妈妈"的标准正在时刻绑架着一部分女性。

当你按照别人眼中顺理成章的标准来要求自己的时候，我们是不是该问一问，是不是必须要这样做？

很多时候，我们都需要多一些善意和理解。对妈妈的要求，我们是不是可以更温和一点？

对职场妈妈的偏见够多了，太上进不行，不管孩子了吗？不上进也不行，你不能成为"废柴"，不能不成为孩子的榜样。

对于全职妈妈，就算再辛苦，别人都可能有这样的疑问：你除了带孩子，什么都不需要做，为什么还是带不好呢？

在家里，孩子哭了、闹了、生病了，很少有人问爸爸发生了什么，大家大都会问妈妈发生了什么，应该做什么，不应该做什么。

孩子学习碰到问题了，周围人的第一反应可能是：妈妈，你要多管管孩子的学习。

孩子的假期到来了，对着作业清单排时刻表的，还是妈妈。

妈妈确实责任重大，但是，如果做不到帮助妈妈分担压力，是不是能够多给她一点点理解？也可以多想想，如果爸爸能够和妈妈一样努力，是不是整个家庭氛围能够更好一点，孩子得到的关爱能够多一点，而所谓的错误能够少一点？

如果实在做不到，至少不要求妈妈事事完美，不要求妈妈必须做到最好，不要求妈妈永远没错。

我们对那些能够陪伴孩子旅行，陪伴孩子作业，给孩子洗衣服、做饭的男人，可以喊出：简直是模范爸爸！但却不知道，这些事，组成了妈妈最日常的生活。

被默认成孩子的第一责任人的妈妈，更希望自己成为被善待的妈妈。

其实，作为妈妈的我们本来就要求不多：甚至不需要感谢，只需要在出现问题的时候，说一句"没事，会过去的"就足够了。没有人希望在忙得团团转的时候还要回答为什么没有做得更好。

对不起，请不要以完美要求妈妈，请允许妈妈偶尔犯错，就像原谅自己的错一样。

万分期待我们周围会有越来越多这样的觉悟。

不被生娃毁灭，是中年人的自觉

老陈有一天悄咪咪地问我：你觉得女儿和我谁比较重要？

我说：你想听实话吗？你就是自取其辱。孩子是我自己生的，从血缘上说，我跟你是后天亲人，跟她是血脉相连。

老陈灰溜溜地说：感觉要更努力，才有资格跟你做长长久久的后天亲人。

很多女性生了孩子，因为一些琐事，天天跟老公吵架，跟婆婆要死要活，跟全家人都翻脸。可是，我想说，你有没有想过：当初自己为什么要生孩子？

在我看来，一个女性最大也最基本的独立权，不是有多少钱，嫁给了谁，获得了什么成就，而是你有资格选择生不生孩子，什么时候生孩子。

我一个朋友的姐姐，最近听说要离婚了，在她生了四个孩子的三年之后。

　　她姐姐刚工作的时候，因为做销售，爱上了一个客户。这个男人也并不算有钱人，可是，爱上就是爱上了。要知道，在这之前，她姐姐可是信誓旦旦地说不要孩子的。但为了让男方家里满意，第一年，生了一个女儿。但因为男方家里重男轻女，她姐姐特别努力地生孩子，连生了三个女儿，第四胎终于生了个儿子。

　　可是，当她姐姐发现完成了任务，也忽然清醒了：我为什么要生那么多孩子？

　　我不想生孩子，为什么还要为了这个男人去生？

　　他是真的爱我，还是希望我生个男孩完成一个传统意义的"传宗接代"的任务？

　　醒悟的那天，就是大规模爆发家庭矛盾的时刻。

　　我见过那个婚姻中的她。那时的我还没有生孩子，她大概是泄怨气，说：你要记得，如果不是自己愿意生，千万不要随便生孩子。

　　当你愿意生孩子的时候，就会心甘情愿为孩子付出一切；而一旦并非出自自己意愿，就会特别容易后悔。

　　现在有一种论调是，男人要珍惜为你生孩子的女人。

　　而我想对女人说的是，要珍惜生孩子的主动权，也要爱惜每一个时刻的自己。

有些时候，女人会以为生孩子是自己的人生保障，然后把自己一生的保障都押在了孩子身上。

我见过太多的女人，指望生个孩子，让老公待自己好；指望生个孩子，让夫家对自己刮目相看；指望生个孩子，让自己在家中呼风唤雨。

如果这样想，有天你会后悔的。

老公对你的好坏，根本不会因为有了孩子有所改变；

认为生个孩子才能在夫家立足的，你只是为他们完成了任务；

至于想在家中呼风唤雨，真的不能靠孩子，只能靠自己。

而你，有没有想过，不心甘情愿的时候，每天给孩子的把屎把尿都会成为负担，家里人的一点不支持都会让你觉得掉入了万丈深渊，继而哀叹自己失去了青春、身材，留下了妊娠纹和疲惫的面容。

这往后的每一天，你都会觉得所有的累都是在吃苦，而日子，也变得索然无味。

生孩子的原因只能是一个，那就是自己希望有个孩子。

你为了别人低头生孩子，绝对不会因为生了孩子而被高看。而你对不被高看的人生，又很容易后悔不已。

女人只有为自己生孩子，才是真的甘心。

甚至就算离了婚，你也可以心甘情愿带着孩子走。

就像我刚生完孩子的时候，死活不想要二胎，但那个时候，双方父母的意思是，尽量早点生二胎，因为父母会慢慢老去而不能帮忙带孩子，再过几年身体可能会吃不消。

可是，我想的是，我身上的剖腹刀疤还没愈合，孩子还没长大，我还没从疼痛中缓过来呢。而现在呢，我想让孩子有自己的兄弟姐妹，在我和老陈老去之后，他们可以一起做伴，不至于孤单一人。

所以，我想要生二胎了。

老陈说：你准备好了吗？会很苦很累，我们两个的经济压力也会增大。

我只说了一句话：自己生的娃，当然要想尽一切办法让他长大，比如自己辛苦一点，比如得到家里的支持，再比如努力赚钱。

所以，有人问我：你们异地，你一个人带孩子辛苦吗？

我会告诉他们：还可以。

不是妥协，是真心话。

生养孩子，本来就是自己心甘情愿的，为什么非得让所有人理解你呢？

做想做的事，愿意做的事，永远都怀着对生活和对自己的赤子之心，不勉强也绝不为难自己。喜欢的话，就点点头；不喜欢的话，就摇摇头。世界哪有那么多无可奈何，不过是你总是帮助别人为难自己而已。而你永远要记得，站在每一个地方的你，都应朝着自己希望的方向。

当妈的一定要情绪稳定？

不知道从什么时候，周围开始认可一个说法——做一个情绪稳定的妈妈，才是家里的福气。

本来以为这是一种自我要求，不料却成为别人对你的要求。

你看你怎么又发脾气了，情绪不够稳定。

你看你又骂我了，情绪不够稳定。

于是，女人都开始自省。一旦情绪不够稳定，便开始陷入自责——甚至，万一不小心发脾气了，还生怕对别人造成什么心理阴影。

女人的自我塑造之路真是一言难尽，工作生活要平衡好，态度情绪要稳定好。

可是又有谁真的关心过一个问题——女人凭什么不能发脾气?

因为容易生病啊,有些病真的是气出来的。说的就是咱们中年女人。

我们母婴群里,一个妈妈曾经问:脾气不好,控制不住自己,是不是该找心理医生看看?

于是大家纷纷跳出来:

"我也脾气不好,经常对着孩子发火。"

"发火怕对孩子不好,不发火怕对自己不好。"

"我怀疑自己得了抑郁症,脾气暴躁,心情不好,浑身没力气,对啥都没兴趣。"

前两天,闺蜜斩钉截铁地跟我说:决定不为难自己了,该哭的时候哭,该笑的时候笑。前段时间她孩子考试全班倒数第十,闺蜜偷偷观察他做作业,发现孩子趴在桌子上,左手抠脚趾,右手转笔。

她噌地一下冒烟了,冲进去就把他骂了一顿,一边骂一边哭,声泪俱下:妈妈工作那么辛苦,为的就是让你好好学习。你却懒懒散散不知道做什么,考试还那么差!

一瞬间懊恼事都涌了上来:

每天早早起床,一边刷牙,一边听书,一边等着孩子醒来,还要清点他上学的东西;

上班工作总有不顺利的时候,也总有可能碰到那么几个杠精;

晚上回家呢，吃完饭就进入漫长的家务活动和看孩子作业时间。有时等孩子入睡，还得加个班。

儿子有点被吓到，呆呆地看着她。

她也有点被自己吓到：说好不在孩子面前诉苦卖惨，真的一秒被打脸。

"我真的憋了好久了。我经常也在看书学习，学习怎样跟他好好说话，摆事实，讲道理。可是，每次平心静气说完，他都无动于衷。我气得拍了桌子，他竟然开始好好地做作业了。"

她一脸忐忑地问我：这样做对不对？

而我告诉她：对，没错，别太为难自己。

以前，我觉得事业家庭平衡是一件好事，当然，现在也这样觉得。

可是，当周围的人把这个标准放在我面前，问我为什么会做不到的时候，我在想：凭什么？我们那么努力，不是为了让自己讨别人喜欢，也不是为了逼迫自己。

有情绪没有关系，消化情绪就可以了。

自从有了两个娃，我发现，每个月总有那么一两次，比例假还准时的吼叫。

有一次，姐姐 Grace 读一段英语，读了很多遍，依然忘记几个单词的 发音。可她好像满不在乎，继续大声地读，有口无心。

我婆婆在一边都听不下去了：你能不能上点心，你奶奶这几个单词都会背了。孩子是不是用心，我们立马就能感受到。

听了我们的抱怨，Grace 怒气横生，这时妹妹 Ricky 跑进来抱住我的腿，让我读绘本。

一个还是不会读，一个等得快哭了。

那一刻我的心情是——焦虑、复杂，还有委屈。对，特别委屈，就好像自己播种了时间，却颗粒无收。

我无助地趴在桌子上大哭。

姐姐呆呆地看我，说：妈妈，你怎么了？我说：我被你气哭了。

老陈后来跟我说：你怎么能说孩子把你气哭了，你一定把女儿吓坏了。

我耸耸肩：难道让我说，我眼睛里进了沙子吗？我就是一个正常人，还不能生气哭一哭。

"那怎么能在女儿面前哭呢？"

"忍不住了呗，怎么了？我就是忍不住，怎么了？"

我觉得自己那一刻特别像被情绪裹挟的无赖，想变好，会焦虑；想变强，也没办法。

自我控制和情绪释放，就像两只小怪兽，在心里搏斗。很多时候我可以控制，但实在控制不了的时候，就让不良情绪统统跑出来吧。

精致、优雅、好脾气，我宁愿把这些暂时都放下。

女儿说：妈妈对不起，我会好好读书的。她很懂事，也很让我感动。

但我不内疚。那一刻，我只是一个崩溃的女人。我也想被抱抱，被安慰，说你别生气了。

我跟女儿说：妈妈只是刚才崩溃了，但你现在这样做，还是很棒的。

女儿很高兴，我们握手言和。

当我们暂时没有办法做自己情绪主人的时候，就不要逼迫自己。

据说日本有一个组织叫"哭泣研究会"，也有酒店专门推出"哭泣房"，专给女性解压。其实厕所、浴室也都可以成为解压的地方。

你有没有发现，情绪上来的时候，有那么一刻要喷涌而出，如果堵回去，只会让胸口微微疼痛。

忍不住了，哭一哭，吼一吼。只要不极端，其实又何妨呢？

一个人一生懂了那么多道理，最后却不知道不为难自己，才是最可贵的。

崩溃了，就释放吧。请记住：你是妈妈，但你有权利不成为超人妈妈。

那些被逼的孩子，后来活成了什么样？

最近看到一段对话，看完我的情绪有点波动。

郎朗的妻子吉娜参加一个综艺，有一个环节是让吉娜对话童年时候的自己。

吉娜脱口而出：小吉娜啊，今天练琴练得怎样啊？练了几个小时啊？说到这里的时候，她忽然捂住了脸，大哭。一时间，郎朗也控制不住情绪，眼圈泛红。

她后来在花絮里说，每个小孩都挺爱玩，她小的时候也爱玩，但是实在是不能。因为如果不天天练琴，很快就会退步。不管是圣诞节还是新年，她没有一天不练琴。

吉娜很快平复了情绪，接着说：练了几个小时，手指痛吗？没关系，一定要很努力地练琴，好好听父母的话，一定要努力一点，少玩一点没问题。

如果不是因为面对镜头，我想吉娜应该可以哭很久吧，10岁的她，一定也曾对抗过父母的严厉，可到如今，她只想告诉自己：真的是因为这样努力，才走到了今天。

我想起，十多岁的自己，每个周末上3个兴趣班，冬天的晚上还要去艺术团彩排，我跟父亲骑着自行车，然后一直到午夜12点才收工。

父亲总是跟我说：再坚持一下，反正爸爸陪着你。有时，也会觉得自己很累很辛苦。但若干年后发现——父母曾咬紧牙关逼过你，也是真的爱你。

一晃进入而立之年，两个孩子也渐渐长大。我好像理解了那句话：等你当了父母，才能明白父母的良苦用心。

杭州公民同招、民办摇号后，说是不给孩子压力，但事实上真正考验家长和孩子的才开始。

好友的孩子刚读完三年级，都说三年级是个分割线，她整个暑假都不敢给孩子放松学习。

孩子很懂事，每天上辅导班，中午坐车回奶奶家吃饭，下午自己再去辅导班，晚上还有网课，自己把学习安排得井井有条。倒是家里的老人，对孩子特别心疼，一个个说她给孩子压力太大，小心影响孩子的身心健康发展。

好友都被气笑了，孩子自己也愿意学习，怎么就会带来不好的身心影响呢？

对孩子来说，玩的诱惑力，当然比学习大。但我们父母要做的，不是非得让他爱上学习，而是要让他养成良好的学习习惯。

以前我们总对父母说，不要打着为我好的旗号，逼我做任何事。但现在回头看看，父母再逼你一把，你或许可以做好更多的事。

好友的孩子也算争气，考试成绩一直不错。

听上去很鸡血对不对，但你要知道，每一个优秀的孩子背后，几乎都有一对全力付出的父母。你当然会说：有些孩子的父母不识字，怎么还是考上了名校？

但不识字不代表没有让孩子保持良好学习的习惯，个案不代表全部，父母付出多少，在孩子身上，都是会体现的。

曾经有一个命题是：为什么现在的孩子这么累？是现在的父母太焦虑吗？还是我们想得太多了？

并不是，一代人有一代人的焦虑，一代人也有一代人的不容易。最大的区别是，如今的父母，跟过去的父母不一样了。

以前的父母，都站在差不多的起跑线上，自己父母不会的，别人的父母也不会；而现在的父母，已经因为上一代教育拉开了差距。大部分孩子的资质都是差不多的，父母多努力一点，孩子自然会更优秀一点。

说到这里，不禁吸了一口冷气。

这哪是什么焦虑啊，分明是希望孩子，就算不能赢在起跑线，也千万不要输在起跑线，起码能够赶上同龄人的步伐。

前些日子，有人在群里分享：现在的孩子，分为"小牛""大牛"等，"大牛"上面有"神牛"，"神牛"上面有"五彩牛"。

作为普通资质孩子的父母，其实早早对自己的孩子有了清晰的定位——通过努力，最多能够成为大牛。毕竟自己也没有资质超群，怎么好意思让孩子拥有超能力？

与之前全家反对我"鸡娃"相反的是，现在全家都很认同我的"鸡娃"理念。

因为他们发现，5岁多的女儿已经会自主阅读英语绘本，会做需要具有分析能力的数学题，认识很多字，也会主动提出去练琴。

我一直秉持一个观点：我们不与牛娃比，我们的每一步，都只跟自己比。到目前为止，我给孩子报了逻辑思维课、线上线下英语课，还买了阅读课、编程课。孩子都非常喜欢。

至于兴趣爱好，目前坚持的，只有钢琴，这也是我每天鸡飞狗跳必须让她练习的事。

有时她也会崩溃，她想学，但又觉得练习枯燥。作为妈妈的我，一边流泪，一边鼓励让她继续学习。

我自始至终都认为，孩子有一两样特长，把它们学精学好就够了，其他最值得花费时间的，就是文化课学习。而这也是投入和回报最高的部分。

到了现在，我们这批经历过系统学习的孩子成长为了大人，应该对"学习"早就有了刻骨铭心的体会。孩子的学习习惯，真的非常重要，因为会贯穿他的一生。

所以不要害怕孩子不爱学习，请用最质朴、最真诚的语言告诉孩子：学习真的很重要，因为那是你获得人生选择权的最好方式。

孩子，原谅妈妈不能陪你

很多年前，我常常看到这样的场景：孩子在门口喊着妈妈，妈妈眼睛里含着泪，背着包，飞奔而走，孩子跟在后面，跑累了，就蹲在地上哭。

旁边的爷爷或奶奶抱着孩子，安慰她：妈妈上班去了，你可千万别哭了。

当时的我，不能理解那个妈妈眼里的泪花，也不能理解为什么对于孩子来说，本是再普通不过的上班，却像是一场分离。

是母亲太煽情，还是孩子太脆弱？

龙应台的《目送》里描述的，"所谓父子母女一场，只不过意味着，你和他的缘分就是今生今世不断地在目送他的背景渐行渐远"。

是一场文学艺术色彩的倾诉，还是每个父母的必经之路？

每当女儿问我：妈妈，你能不能陪我？我都会说，可以，但妈妈不能仅仅陪你。

老陈回部队时每一次跟女儿告别，女儿都会拦在家门口说：爸爸你不要走。老陈走一步，女儿就抱着他的腿哭。我去出差的时候，女儿在电话里哭：妈妈，你是不是不回来了？

活到三十多岁，见过世间许多事，以为自己已经无坚不摧，但如今才发现，亲情是最割舍不下的柔软，一戳就会痛。每次离别时，必须强忍着眼泪，跟自己说"没事""会好的"。

可是，我也在想，在代代的轮回里，谁又没有经历过这些别离呢？我们在每一次告别中成长，其实是告别给予的最大意义；我们在每一次分离中坚强，其实是分离给予的最好礼物。

而对于孩子来说，也是同理。

有一段时间因为工作太忙，每天在家里加班。有一次刚打开电脑，女儿一个箭步爬上我的书桌，合上了我的笔记本，坐在上面大哭：我不想让妈妈用电脑，也不想让妈妈赚钱。

我说：你要做什么呢？

她用头贴在我的脸上：我想让妈妈陪我。

我没有忍住眼泪。

但我根本不想告诉她妈妈有多累，有多苦，偶尔也会很烦躁，满腹牢骚无处发泄。我也不想在她面前表演诸如"妈妈所有的努力都是为了你"之类的苦情戏。

我只是摸着她的头说：你上幼儿园，是不是变得越来越好了？妈妈也想变得越来越好，所以一定要努力工作。你可以在妈妈身边看书、玩玩具，妈妈工作，这样，我们还是在一起的。

女儿听后拖来一堆玩具和书，坐在我身边有时看书，有时搭积木，虽然把地板弄得一团糟，但是我们都感觉时间过得很快，她在她的世界里玩耍，但因为在我身边，也得到了她想要的陪伴。

是陪伴，不是宠爱。

我记得很长一段时间里，我根本无法进入一个母亲的角色。我经常产生一种自我怀疑：我这样努力，孩子会不会疏远我？

我常常加班，是不是真的会缺席孩子的童年？

我有时不能陪伴孩子，她是不是真的会疏远我？

我是不是真的不如那些常常陪伴在孩子身边的母亲温暖？

可是，我也会告诉孩子：

孩子，我首先是一个女人，其次是你的母亲。

孩子，你要学会独处，孤独是经常会有的感受。

在母亲的角色里，你的孩子也在看你慢慢变成你最好的样子。你在厨房里忙碌成"煮妇"，为家人做出美味的饭菜；你很爱打扮，也喜欢化妆，别人都夸你好看；你工作很努力，也小有成就，在别人面前，孩子因为你而有了被放大的可爱。

孩子因为有这样一个妈妈而自豪。

全职妈妈很伟大，但职场妈妈也很伟大。

全职妈妈成全的是家庭的有序，她们牺牲了半生的努力，全身而退，愿意打点最琐碎也在别人看来最无用的事；而职场妈妈成全的是自己的成长，她们拼杀也落泪，她们想成为自己的骄傲，孩子的骄傲。

都很伟大。

幼儿园的老师说，女儿总是会跟她们说：我的爸爸叫某某，我的妈妈叫某某某，言语间带着自豪。是啊，虽然很天真，但她比任何人，都希望我们变得更好。

我常常在许多读者交流会上说，女人，无论什么时候，都要保有那份赤子之心。不要把结婚生子当作人生从山高到水落的归宿，而是当作又一次的出发。

在时间的长河中，许多人会沉沦，但时间不负的，是那个永远努力的人。所以，不用愧疚，当下的选择，都是你一往无前的动力。

孩子，原谅妈妈不能时刻陪你。妈妈希望自己变得更好，跟得上你的努力，也要配得上你的骄傲。

PART 2

你二胎了吗？

二胎家庭，无法一碗水端平

春节里，发生了一件事。

大年初一一大早，两个孩子穿上喜气洋洋的新衣服前去长辈家拜年。

老二Ricky虽只有2周岁，但做事机灵，还有长辈最爱的一点：特别爱打招呼。只要她在，就是叫这个爷爷，叫那个奶奶的。大过年的，谁都喜欢这个欢喜的小人儿，老人们一顿猛夸：这是哪里来的小机灵鬼？

她用着不知道从哪里学来的祝福语，又蹦又跳：新年快乐，万事如意，虎年大吉！

长辈们笑得开心，全然忘记了身边的老大。

老大 Grace 呢，见到长辈的那一刻，已经明显被老二盖住了风头。她礼节性地说：新年快乐，万事如意。

大家嗯嗯啊啊应付着老大的拜年，但所有的笑容依然向着老二。

我紧紧攥着老大的手，一边打趣着说：妹妹可爱，我们姐姐也很漂亮啊。可谁都知道，这个夸赞的话里，多半带着些许的安慰。

连老大也尴尬地笑笑。我知道，她都明白。

在我们家，老大老二是截然不同的两个存在。

有时，我也在想：为什么同一对父母，生出来的孩子，会如此不一样。明眼人一晃，就看得出来，谁的性格沉稳，谁又活泼外向。

姐姐温厚不善言辞，虽然声音响亮，但敦厚异常。老师也跟我说：这么一个个子高高，又性格温和的女孩子，真的挺难得。她不与人交恶，但也没有什么朋友，在学校里喜欢独来独往，一个人看书，一个人写字，一个人做很多事。

学期期末老师跟我反馈时，对她的性格也进行了分析，最后的结论是：让她慢慢适应。我心底里偏帮着姐姐，作为一个性格稍微有点弱势的孩子，总需要有人支撑着，而这只能是父母。

妹妹就不一样了。

进校门后，一路飞奔跑到班主任怀里：老师，我来上学了！我出门的时候，会说：妈妈再见，妈妈慢慢走！学校走秀比赛，她也丝毫不怯场。在人群里，她的眼睛早就学会了捕捉别人的信息。

多少次，我们都想过那句"不能让老实人吃亏"，但事实上，高情商、善于交际的人，确实赢在了人际关系的起跑线。

而很巧，这两种性格的孩子，我都拥有。

生妹妹的时候，其实我就有一点担心：两个孩子的竞争，或许真的要来了。

年幼的时候，比谁嘴甜；年长的时候，比谁成绩好；再大一点，可能会比谁考上了什么学校，谁班级第几。

我们都不能保证，两个孩子能够并驾齐驱，如果一样好，自然皆大欢喜；如果一样差，父母简直会崩溃。如果一个好一点，一个差一点呢？

那么，弱势的孩子势必会遭到巨大的心理压力，也可能会需要消化负面的情绪。

老陈总跟我说：都是自己的孩子，她们能够坚持做自己就很好了。他甚至说：我们能考上高中，她们也可以；我们能考上大学，她们也可以，有什么好担心的呢？

可是，等到妹妹慢慢长大，我们不得不承认：面对两个孩子的差异，即使父母不存在偏心，也抵挡不住外界的评价。

面对不善言辞的孩子和能言善辩的孩子，大家普遍都会对后者，多一点注意。

姐姐不喜欢多说，但在委屈的那一刻，她会看着我，然后等我温暖的目光和那一句"没事"的鼓励。

当父母的难，许多时候就在于，既不能多说，又不能不说。我们总想把那个不善言辞的孩子推出去，让她学着成为被别人关注的人。但这一步并不容易走，甚至会变成令彼此都痛苦的事。

事实上，比让孩子改变性格更重要的是，学会扬长避短，她可能不会说很多讨喜的话，但她也会有自己的光芒。

这就牵涉到了另一个很多读者都会问我的问题：为什么让孩子学习一些特长，并且持之以恒？

拿老大来说，目前为止，已经学钢琴 2 年了，顺利的话，马上可以考 4 级。现在开始拉大提琴，她在身高和力量方面都比较有优势。我们对她英语、数学、语文的学习，也不敢怠慢，不是提前学，而是不断训练。

我只是希望：如果她无法更多地从别人的主观感受里获得快乐的话，那么在客观世界里，她能够用自己的成绩得到一点点的肯定。

比如通过努力后，取得还算不错的成绩；比如通过训练后，有了一技之长；比如历经千帆后，看到了不断成长的自己。

也就是说，当别人无视我的时候，我看看自己身上拥有的一切，就足够让我骄傲和有信心。

而妹妹呢，她在外界已经获得了太多的认可，我倒是更希望，她能够在内心世界里，看到自己的不足。一天，我带着妹妹上了出租车。妹妹又是数数，又是说英语，让司机很惊叹，问我：你怀孕的时候吃了什么？孩子怎么这么聪明呢？

作为妈妈，听到这话我当然高兴。但我对那个赞扬妹妹的司机说：能够好好利用自己的聪明才算是真正的本事。

不同的孩子，本身就是不同性格和情绪的载体。而作为妈妈，提着两个小人走路的时候，总会"左顾右盼"。因为我们和旁人不同。他人对孩子只是偶尔见面时觉得有趣，我们彼此却是日日相见。

电影《你好，李焕英》里的妈妈说，只要孩子健康快乐成长，就够了。这是妈妈最本真的愿望。

对于一个二孩妈妈来说，从怀孕那一刻起，家里的关系就多了一层亲密，也带来了两个孩子的与众不同。

我们总说：要一碗水端平，但这真的不是你能不能端平的问题。而且你能端平，别人能吗？

当拥有两个不同性格的孩子时，父母真正要端平的，是爱、是理解，是对听到周围各种声音后的过滤。

孩子的心里都是充满光亮的，但也是迷茫的。而父母要做的，是去当那个提灯人，一路带着他们敞亮地走。

二胎家庭最大的"骗局"是什么?

有这么一个说法,如果养一个孩子,需要花费 1 份的财力和精力,那么,养两个孩子,只需要花费 1.6 份。算起来简直是减负。

但我不得不告诉大家一个残酷真相:这个增加的 0.6 份,可能并不是钱和精力,更多的是父母费尽半生要做到的如何保持平衡。

二孩前,两家老人跟我说:有了第二个娃,千万不要忽略了第一个娃。二孩后,两家老人又说:不要总关注老大,老二也该多添置一些新衣物。

如果老大照书养,老二出现后你再照书养,就有人质疑你对老大不够上心;照猪养,又有人说你对老二有偏见。

一碗水端平?这才是周围人对二胎教育观念最深的误解。

我们家的情况特殊。因为老陈在部队，日常老人也会参与到孩子的教育中。

老人一旦扮演比较重要的角色，两代人的教育理念就会存在巨大冲突。

老大 Grace 沉稳而敏感，老二 Ricky 彪悍而大胆。两个完全不同性格的人在一起，目标都总是一致：那就是分得父母更多的注意力。

比如打架：老二抓了老大的脸，老大跑到我这里告状。在人前，永远是妹妹打姐姐，姐姐受欺负。

可谁又看到：人后无数次，姐姐偷偷打妹妹，在角落里。

两个孩子的纷争，比我想象的来得更早了一些。

那时一个 6 周岁不到，一个 2 周岁不到，都正是敏感的年纪。老大有时被说要谦让妹妹，觉得委屈；而老二经常被老人骂，说她太凶，这时老大又被保护起来了。

老大和老二，到底谁对了，谁又错了呢？其实谁都没有标准答案。

老大出生的时候，所有人的注意力都在她身上：给她买的许多衣服，穿了一两次就穿不上了；婴儿车两三辆，爱选哪辆就推哪辆；家里变着花样做各种辅食，生怕不够补脑、补身体，左边奶奶喂一口，右边外婆喂一口。1 岁多就被送进早教班，一周两次音乐、美术、运动课。

老二呢，穿着姐姐穿过的衣服，有人眼尖：这不是姐姐的衣服吗？ 婴儿车也是姐姐用剩的，温奶器也是姐姐用剩的。到了 1 周岁，还没带她去早教班的打算，婆婆说：你可不能偏心啊，姐姐这个年纪已经开始学习了。

每个人都在告诉你：你要一样，不能偏心。

老大如果买了书包，老二就算不需要，也得有替代的小礼物；老大如果买了衣服，妹妹也得有；老大如果想报游泳班，妹妹也得去报一个。

这不仅是钱的问题，而且你会发现，你总是在所谓的寻求平等里，不断透支自己的耐心和精力。买了很容易浪费，不买又容易被误解为偏心。后来，我发现，我永远做不到绝对的平衡，而周围的人也永远无法满意。那索性就不那么费尽心力，承认自己的不完美。

承认自己不完美，很难吗？

不难！

承认自己再怎么努力也做不到完美，很难吗？

也不难。

比如，有一个学期 Grace 和 Ricky 两个学校相继开学，偏偏 Grace 的开学典礼和 Ricky 的第一次上学时间冲突了。两边学校都说，尽可能让爸爸妈妈都参加。家里人也讨论着到底该怎么办。

Grace 读的是新学校的大班，坦白说，她能进这个幼儿园，我比她还激动。但因为第一次来杭州学习，她也是万分不适应。上学第一天，就被老师告知：什么都好，就是不够自信。妹妹2周岁不到，被送进幼儿园托班，因为是国际幼儿园，所以相对年纪放宽了些。

最后权衡之下，我选择了跟姐姐参加开学典礼。

为了不让妹妹难过，在姐姐开学典礼结束后，我去接妹妹回家。

两个老人说：你看看你，宠的还是老大。老二呢，真是分不到你一半的精力。你知道吗？来的都是爸妈，只有我们是老人。

我说：这一次，是铁定要偏心其中一个了。我选择老大没有理由，就像是如果我选择了老二，也一样没有理由。两个都是我的孩子，只是分身乏术而已。

总要求一碗水端平？

拜托！端水的也是人，也有情感，也有不完美。她可以自我要求一碗水端平，但请你不要逼她。

我想起小时候的暑假，我爸辅导我姐写字，大夏天阳台下一笔一画地教她，而我呢，一个人被放养。写"天"字出头变成"夫"，也没有人来教。

邻居看到说，可真是偏心老大啊。

大了一些之后，我爸送我去少年宫。我姐比我大许多，早就没了上少年宫这个需求。有人又说我爸偏心我。

父亲后来说：两个都是我的孩子，说有偏心，肯定有。有时偏向这个，有时偏向另一个。但父母为孩子，永远是在兜底。当你有困难的时候，父母都会竭尽全力托住你。父母是伴你飞，但永远不要期待父母在你身上给予全部的爱。

偏心不是罪过。但对父母的偏见，才是伤害。

我见过很多父母，在生出老二之后，拼了命努力补偿老大，仿佛生了弟弟妹妹，就心存内疚。我也见过很多老大，因为老二的出生不高兴，不开心，甚至叛逆。

这从来不是"要是不生老二就好了"。没有老二，老大也要明白，父母从来不是单独属于你的，更无须无条件顺从你。

我爱你，但不代表不能爱别人；我帮你，但不代表无条件地宠爱你。

我妈说，我还算好命，至少孩子从来不逼我。我说，这不是好命，而是我的认命。

我无法做一个完美的妈妈，也无法给予两个孩子绝对平等的爱。我那么努力，孩子们也应该能看到。而我也相信，这就是求仁得仁。

二胎手记：一边崩溃，一边拼命

周日的时候，我在浴室里洗澡，隔着水帘一样的玻璃门。Ricky 坐在小凳子上看着我，安安静静的样子。平时的她很闹腾，甚至有时会无理取闹，但那一刻，她如此安静，两只小脚摆放得整整齐齐，认真打量我各种冲澡的姿势。

奶奶来抱她，她在那里大哭。

我终于理解了中年妈妈的马桶自由、洗澡自由，以及任何和孩子不相关的所谓自由。

一边是 Ricky 在洗澡间外等着，另一边是 Grace 的大声吼：妈妈，我要换牙了，你看我牙齿，是不是开始松动了？我会不会死掉啊？牙齿真的在动，真的有点痛！

我学会了应付孩子不好玩的笑话，学会了应付自己崩溃的情绪，在擦干头发和身体的那一刻，心平气和地抱着 Ricky 走出洗浴间。

Grace 在门口等我，她问我：妈妈，豆浆用英语怎么说？得到满意的答案后，她又去玩积木了。

对于她们来说，看到妈妈的安心和我看到她们成长的安心是一样的感受。

这一年，是我成为二孩妈妈的元年。我从来没有感受到，带娃的累是可以让人崩溃的。

只有一个孩子的时候，感觉一切都还可以应付。但二孩给人的感觉，并不仅仅是四脚吞金兽，更像是天使和魔鬼的化身。但我总觉得，妈妈这个身份，让我甘之如饴。

33 岁，事业似乎还可以再拼一拼，但我只想不那么拧巴地活着。对于我来说，自己的成长不会断，对孩子的付出也不愿意少。

老大 5 周岁，开始有自己的想法了：弹琴时常常会陷入自己的情绪，时不时会罢工；看书不再执迷于图片，要求不断认字；对自己开始有要求，抗挫能力提升。

身体也发生了小小的变化：比如开始准备换牙了。有一颗牙已经有了小小的松动，会惊恐到大哭。我呢，一边安慰她，一边告诉她：这是你要成长的标志。

有时会默默跟妹妹争宠，对妹妹的感情又爱又恨。妹妹不乖的时候，她偷偷打她；妹妹倒地的时候，又跑过去把她扶起来。每周一次在外婆家睡觉，晚上一定要和妹妹视频。

老大尚且懂事，老二的1周岁，那可是从接受控制开始进入无序的阶段：随手乱撕书本，拿来什么都撕掉；对任何东西充满好奇，一不小心就会在垃圾桶里捡吃的；从爬变成了走，开始解锁各种小机关；十分黏人，你去厨房，她跟在你身后，不需要你抱，只顾自己爬着；半夜偷偷爬下床，在床边自己锻炼身体。

一切的吼对她都是无效的，她对于世界的好奇，远远超出了我们管辖的能力。那一刻我也终于明白，为什么每个人都会跟怀孕时的妈妈说，别以为孩子生出来就好了，生出来是噩梦的开始。怀孕的时候才是最幸福的。

你无数次安慰自己：这条路是你选的，所以你要忍受。

婆婆说：你别以为现在是最难的，五六年后，才是最难的。吼完老大吼老二。回头再想想孩子每年面临的考试，那真是每一次考试前，都会失眠一次。要是考试好，那必须满面春风；要是只有一个考砸，勉强还能喘口气；要是两个都考砸，那心情简直会怀疑人生。吼啊吼，有一天你发现自己不用吼了。那一天，你会发现，自己开始老去。

当她说完的时候，我忽然倒吸一口冷气：我想起一个闺蜜跟我说，她孩子考民办小学的那一整月，她都需要吃安眠药，因为根本无法入睡。后来孩子小升初，又是新一轮的失眠。

她说，所有的人，都说她这个妈妈得失心太重了，总是希望孩子能够达到最好。

但是，没有人理解她：人生最难说服的，其实就是自己。作为孩子妈真的是很难的。生孩子很难，养孩子更难。难，才是人生的常态。

老母亲的生活周而复始，你从来不知道，自己离怨妇可以那么近。有娃第一年，孩子是"睡渣"，你要喂奶、熬夜，以为过了1周岁就好了。

孩子睡眠好了，早教又是一个棘手的问题。孩子的起跑线考验的是父母的眼光，触觉敏感期、色彩敏感期，怎么都不能落下。

3周岁以后，就要进入学习启蒙期。自己的知识储备还跟得上，但如何给孩子养成良好的学习习惯，成了日常的关注点。

学龄后，以为孩子懂事了。但接踵而至的是孩子的学习，你想告诉自己：别在意。

可是真的能不在意吗？当我们无法预见孩子未来的时候，只有努力拼一拼，万一赢了呢？懂了很多道理，却过不好这一生；知道发脾气不好，又忍不住发脾气……

这就是妈。

当妈的崩溃，不是三言两语可以写清楚的。但我又那么热爱，并愿意坚持这样的生活。两个孩子像是出现在我生命中的礼物，她们一点点长大，不断带给我惊喜。

我在朋友圈里发过这样一条信息："这一年，最大的收获，是孩子有了进步：老大开始热爱读书、热爱玩具，热爱一切拼搭的内容，开始热爱她被肯定的钢琴。她对于世界的好奇超过了想象。"

每一次旅行结束，她都会跟我不断重复她看到过的一切：澳大利亚的座头鲸，海豚，是她最心心念念的；还有空中飞人和跳舞表演。

第一次当妈妈，我过得挺拧巴，也不敢放松。她也是第一次当孩子，小心翼翼地配合。

老二在 10 个月的时候，学会了叫爷爷，接着是妈妈、奶奶、阿姨；在 1 周岁 1 个月，她令人惊喜地一个人走了四五步路，我给她拍了一个视频；还爱上了打扮，没事叫我给她戴小头花。

当她们在你眼皮子底下，渐渐成长，获得了进步：从一个什么都不懂的婴儿，成了会和你说话、交流、有自己理想的女孩，这样的成长何其惊喜。

而我，每一次的崩溃，每一次的焦虑背后，又何尝不是一种自我调节。前一秒鸡飞狗跳，后一秒岁月静好，靠的不是别的，而是发自肺腑地热爱妈妈这一角色。

很长一段时间，我都觉得当妈有一种无助感，这样的无助来自体力和脑力的双面耗尽。

时光荏苒，你我都会老去。孩子的存在，给了我们太多的想象力。我每每想到她们未来的样子，就愿意和她们一起慢慢变好。

我是一个妈妈，我从来不完美。当她们如此宽容地接纳一个常常崩溃的妈妈，我又怎么舍得去责怪呢？

同是第一次当妈妈，同是第一次当孩子，余生多多关照，大概是母女一场的重要意义。

要加油！

记住三句话，解决二胎家庭的终极问题

　　远房表姐怀了二胎，愁得不行。因为老大在那里每天吼着：如果有了弟弟或者妹妹，我是一定要欺负他的！据说从表姐怀孕开始，老大就作天作地。

　　婆婆来跟我说的时候，一脸自豪地问我：你是如何让 Grace 这么喜欢小妹妹的？

　　我笑了。讲真，最近，女儿开启了疯狂地催三胎模式。万万没想到，在我、老陈、婆婆、妈妈都表示不会再要三胎的时候，女儿居然心心念念再要一个小妹妹。

　　每天，她跟小妹妹逗着玩的时候，就会问我：妈妈，你什么时候再给我生个妹妹？

我忍住自己的无语，认真跟她分析了家里的情况。

女儿耸了耸肩：妈妈，我太喜欢小妹妹了。如果可以的话，你再给我生一个好吗？

每次听到那些"哥哥姐姐不希望有弟弟妹妹，生怕自己的爱被他们分走"的故事，我都会觉得 Grace 好像用自己的行动一直默默肯定我这个妈妈的做法。

有一天，婆婆故意逗女儿：你看，自从有了小妹妹，你妈妈抱小妹妹，你伤心吗？

Grace 摇摇头：不伤心，妈妈还是待我很好啊。

这才让我完全意识到：有些孩子对于弟弟妹妹的介意，是因为父母让他们有不安全感。而当他们对父母的爱确认无疑的时候，是愿意接受弟弟妹妹的。

二孩家庭里，如何处理好父母和两个孩子，以及两个孩子之间的关系，是很重要的日常，也是体现父母智慧的难题。

妈妈的爱不可能只给你一个人

女儿从小就明白一件事，妈妈不是只喜欢她。纵然妈妈会带她去游乐场，陪她去上辅导班，带她去旅行，甚至满足她玩很多玩具、游戏的要求。但妈妈还喜欢很多人，比如她的爸爸、她的外公外婆、她的爷爷奶奶，当然，妈妈也很爱自己。

老陈回来的时候，我和老陈会出门单独看电影，甚至旅行，不带上 Grace。所以她并没有觉得爸爸妈妈的整个世界都围着她转。

周末的时候，我也偶尔会加班，Grace 很小就会跟我说：妈妈你去加班吧，回来再陪我玩。

她非常明白，妈妈有自己的空间，也有和她一起的时间。Grace 没有占有欲，但也有安全感，这个不矛盾。这样的好处是，Grace 从一开始，就有心理预期——妈妈不只属于她。

尽量对事不对人

二孩家庭里，两个孩子发生矛盾冲突的时候，简直就是父母头脑炸裂的时刻。

Grace 和 Ricky 偶尔也会有摩擦。比如 Ricky 在五六个月大时会扯别人的头发，而且力气很大。Grace 有时刚靠近 Ricky，Ricky 就一把扯住她的头发。

Grace 到我这里来告状：妹妹拉我的头发。我婆婆总说：她是妹妹，姐姐要让着妹妹嘛。

但我认为，这件事错在于 Ricky。所以我会告诉 Grace：因为 Ricky 还不懂，会不小心扯到你的头发。Ricky 如果和你一样大了，就知道，扯别人头发是不文明的。不是因为妹妹小，姐姐就必须让着她。而是因为妹妹还不知道自己是错的，所以希望姐姐能原谅她。

每到这个时候，Grace 就不会有委屈感，反而是安慰我：妈妈，没关系。

年纪小不是犯错的借口，少不更事才是犯错的理由。这是为人父母必须要分明的事。

在处理二孩关系的时候，一定要让孩子明白：

父母是知道对错的，也会判断对错。许多时候，父母做出的决定，不过是权宜之计，抑或是不得已而为之。

绝对公平，是给孩子最大的谎言

我非常讨厌一种理论，就是什么都要公平。

讲真，我承认物质上可以公平，比如买鞋子的时候一人一双，买衣服的时候一人一件，但时间上真的可能做到公平吗？

当然不能。

公平的只是父母放在心里的感情，千万不要跟孩子说类似于"我们会绝对公平"的话。

不然，万一碰上孩子较真，作天作地，你简直束手无策。

让孩子降低对父母的预期，其实是一件好事。不要在孩子面前，美化或者神化自己，让孩子知道，父母就是普通人，并没有那么完美，当然也不可能绝对公平。

比如，Ricky 到来之后，Grace 反而不愿意分床睡了。在妹妹到来之前，Grace 可是一定要睡小床的，绝对不愿意挤在我跟婆婆中间。但妹妹来了以后，她经常会过来发发小脾气。

我是很能理解的，毕竟之前总是有恃无恐，现在也需要通过撒娇来告诉妈妈。

我跟 Grace 说的是，等妹妹长大一点，她就能跟姐姐一起睡了。所以等妈妈把妹妹养大，你等着哈。Grace 听完之后，就高高兴兴地睡小床了，虽然她每天都会问我：妈妈，妹妹什么时候才能长大啊？

平时，我给妹妹换尿不湿、擦脏污的时候，也会叫 Grace 帮忙。让孩子在另一个孩子的成长中有参与感，并不是为了培养孩子的能力，而是让孩子知道：妈妈离不开你，也非常需要你。

存在感，其实也是一种安全感。

在 5 年当妈的经历里，我发现：父母对待孩子的态度，都写在孩子的脸上。而孩子的一言一行，也是父母素日行为的映射。

我不赞成绝对精细化的育儿，因为这是平凡母亲无法做到的。我更希望以同理心来育儿，也就是理解孩子，同时也让孩子理解你。

不神化美化自己，也不矮化丑化自己；不捧杀孩子，也不打压孩子。在育儿这条路上，与孩子彼此认同、携手陪伴，是我们一生都值得追求的事。

老二真的比老大聪明？真相让人心疼

儿童节前，家里给两个女儿准备礼物，我给两个女儿各买了漂亮的衣服。

老二喜欢漂亮的衣服，每次穿到新衣服，她都会手舞足蹈。年幼的她并不知道，她身上的，都是姐姐穿剩的。

外婆和奶奶几乎达成共识：反正孩子长得快，老大的衣服缝缝补补就可以给老二继续穿了。于是，一直到今天，她都穿着姐姐的衣服，开开心心长到了1岁半。周岁的时候，我给她买了一套大红裙，祝贺她周岁快乐。新年的时候，也给她买了年衣。

她总是在我回家的时候，第一时间对我笑，生怕没看到她，特意尖叫得很大声。

每次想起她，都会有一点点亏欠感：是的，她好像一转眼就长大了。

有人总说，老二聪明，老二好养，老二灵光，老二懂得人情世故。从出生到现在，她只有过一次发烧，很快就痊愈了。没有半夜抱去医院的经历，也从没有住过院。

11 个月她就学会了走路，13 个月走得稳稳当当。教她说话也不累，10 个月会喊妈妈，1 岁半想上厕所会告诉我们，想看书就会带着书跑进我的书房叫我讲故事，看到我在工作，又会拎着书自己出门。

家里人对她也是刮目相看。

婆婆说：是不是咱们养育老大的时候没经验，怎么老二还没教她呢，就自己学会了？

我笑了，这哪是没有经验。而是老二满满的求生欲，在告诉她自己，要努力向上，或许才能引起别人对自己的关注。

奥地利心理学家阿德勒提出过一个出生顺序理论，他的研究认为，次子为了努力寻求自己的地位，从出生开始就习惯了竞争。但事实也证明，当父母对姐姐或哥哥的爱已经固定，想要去分割一点，又谈何容易？

有人说，那是因为她不是男孩子，如果你们重男轻女的话，恰巧老二又是男孩子，你是不是会偏爱老二？人生没有假设，她就是妹妹，也没有人可以质疑她存在的必要性。

我们欢欢喜喜地接受她的到来，可是却因为知道了所谓的经验，也没有再对她疼爱有加。而她也早就学会了一个人安安静静地懂事。

她没有像姐姐一样挑食，吃东西抓得满身都是；她会爬到姐姐的学习桌前，翻翻姐姐的书，虽然不懂也一个人看；她会一大早从奶奶的房间跑到我和 Grace 的房间，跟我说早上好；早上我有事出门的时候，她也常常哭，一定要送我到很远才肯走。

有时，她拿着书到我面前，我会告诉她：妈妈先教姐姐做作业，你等一会。不管她有没有听懂，都会走。她知道，妈妈不会经常给她读绘本，那就一个人看。

我一个朋友跟我说，小时候，她总是很期待感冒，因为这时候，全家就围着她转了。这是一个孩子希望的圆满的爱。

可是人生哪有那么圆满呢？

就像我妈总跟我说：你和你姐姐，手心手背都是肉，总想公平一点，再公平一点。可是，妈妈真的做不到。想公平，可是总是偶尔会倾斜。但妈妈真的尽力了。

而到了今天，我又何尝不是。老大照书养，老二照猪养，对于老二我总是有一点点愧疚的。

出生顺序可能确实会影响孩子的偏好和个性。因为出生越早，受到父母的关注就越多且越集中；家里孩子越多，每个孩子从父母获得的资源（金钱、时间以及关注）就越少。

行为遗传学家发现人格特质的差异只有一半可以用基因来解释，另一半则归因于环境。

很多时候，我们总觉得老二的到来，影响了我们对老大全部的爱。可是，要知道，老大的童年，得到的是长辈所有的爱，而老二呢，并不。当然大家也知道老二所得到的爱，有时也并不与老大均等。

在养育老二的过程中，我们都已经有了经验。最喜欢说的话是：

"以前老大也……所以不会怎么样。"

"没事，不也这么过来了吗？"

老二的成长，被经验所包围，也被经验所辜负着。她可能知道妈妈很爱她，但她也可能知道，在家里，她要通过努力，才能够被大家所重视。

就像今天，我刚带 Grace 上完课回家，老二跑过来，抱着我的腿想亲亲。又是一个没有陪她的周末，但她好像都习惯了。作为老二，她看上去得到了很多，但真的也失去了太多。

她真的不是别人眼中很会讨好父母长辈的女孩子，她只是希望能够多分得妈妈一点爱，仅此而已。

你二胎又生了女儿，伤心吗？

有人曾问我一个问题：你已经够忙了，有没有后悔又生了个孩子，早知道二胎是个女儿，你还会那么坚持想生吗？

说实话，听到这个问题，我有点如鲠在喉。对方大概也以为，我是希望有个儿子，才那么努力地生二胎。生了个女儿，应该心有不甘。

在别人看来，我的人生拥有一个还算不错的剧本。

30多岁的我，拥有一份自己喜欢的工作，能够付得起自己的开销，也能够带孩子去想去的远方。父母康健，公婆纯良，两家非常和睦。虽说有房贷，但并不会影响我们的生活质量。

总的来说，风平浪静的日子，就算没有那么精彩，但也很不错。

所以很多人，在我怀二胎的时候，总是问我：如果又是一个女孩，你会不会再生一个？也有亲戚，在我生完二胎的时候说：你们什么时候生三胎，再生个儿子吧？

我说：生不生三胎我不知道，但是生三胎，一定不是因为我想要儿子，而是因为我想要孩子。不是因为孩子是希望，而仅仅是因为爱孩子，甘之如饴地享受陪伴孩子成长的过程。

对于我来说，生二胎的意义到底是什么？是为了让 Grace 知道，成长路上要学会分享；知道爱人和爱己一样重要；是为了让 Grace 在我们离开人世之后，拥有一个手足，陪伴彼此，相互扶持；没有高大上的理论，只是觉得，拥有孩子，并且让孩子更幸福，就足够。

曾经有一个 35 岁的妈妈，在我的微信公众号后台告诉了我一个很温情的故事：

她最不后悔的事情，就是生了两个孩子。

她写道：你知道吗？生孩子的时候，我都觉得自己要死了。我第一个孩子是顺产，第二个孩子是顺转剖。生完第二个孩子，怎么看老二都不顺眼。偏偏二娃作息还日夜颠倒，我辞了职在家当全职妈妈。

生活让我都没办法抑郁。因为没时间，每天都打仗一样。别人不理解地说：你就是在家带带孩子，能有什么累的？人家还上班呢，矫情啥。

喂夜奶、带孩子，那两年我真的又老又丑。后来，她们上了幼儿园，我又出来工作了。一切归零，说实话，到现在工作也很平凡。

然后到现在，我看到她们两姐妹一起上学、一起放学、一起去补习班，去旅行的时候总是说，妈妈，我帮你拎行李吧；有时，我下班晚了，她俩会帮我热好牛奶。

我才觉得，那一份幸福感，是我这些年做的最值得的事情。她们一点都没有公主病，无论什么时候，都想着对方。不能说独生子女一定自私，但有兄弟姐妹的孩子，从小习惯分享，所以会更懂得关怀他人。

对她的故事，我深感共鸣。

这两天，我在杭州，婆婆带着两个女儿陪着我。

我到杭州出公差。为了慢慢起步的淘宝店，一个人去摄影棚看模特拍摄，一个人跑了很久的路看内衣的质地，其实，一个女人面对这样的经历，多少是有些想哭的。朋友总是劝我：做品牌，太辛苦了。前期都是亏的，后期也未必真的能盈利，你为什么要做呢？

10 年前的我，大概无论如何都不会想到，我会一坐完月子就急着上班，会坚持每天工作，会带着两个孩子，全国各地地出差。

对于事业，我是有执念的。但昨天，当我回到酒店，看到Grace 躺在床上跟我说：妈妈，我和妹妹都在乖乖等你，好在你终于回来了。

那一刻，我其实是泪崩的。

Ricky 见到我，开始咧着嘴笑。Grace 说：妈妈，我太爱你了，给我生了一个这么可爱的妹妹。我太喜欢妹妹了，但是她现在还不会说话。

忽然，我就觉得，孩子和我之间的感受，其实是相通的。

我常常跟自己说：加油啊，你看两个小朋友都看着妈妈呢，妈妈要给她们做好榜样。

整个世界都在给许多女性洗脑：什么丧偶式婚姻、类单亲妈妈、猪队友。许多观念都在说：别结婚了，还不如一个人。

虽然，我也总是调侃我们家老陈时不时缺位。但是当我每一次牵起孩子的手，听到她们喊我妈妈；当她们每一次跟我笑；当她们看到虽然不好看甚至还发胖的我，告诉我"妈妈，你可真好看"的时候，我清楚地知道她们在我心里，是如春风般的存在。

我从来不后悔生二胎，也不后悔二胎是个女儿。她们是全世界最好的礼物，是值得含泪珍惜的。当然，要谢谢她们成为我的孩子，我也很高兴，成为她们的妈妈。

二胎时代，如何给老大减负

前些日子，一个妈妈问我：自从生了老二，老大好像不那么开心了。

是因为老大小气吗？

她会有心理问题吗？

会影响她的人生轨迹吗？

今天可以谈谈如何给老大减负这个问题。

如果独生子女是上一代人不得不做出的选择，那么二胎家庭，似乎是我们这一代人开始做的弥补。

二胎时代，哥哥姐姐对于自己弟弟妹妹的责任，更像是道德意义的枷锁——你是老大，所以你需要付出更多，成为争议的终极命题。

老大，真的必须要为家里付出更多吗？手足同胞情深义重。付出是情谊深厚，不付出也无可指摘。

我们总是喜欢谈权利和义务。如果老大必须要在经济、情感、事业各个方面帮助老二，那么老大在父母生二胎这件事上真的有一定的决定权。

我一个朋友，经常跟我吐槽父母对于她的不公平。而这所有的不公平，来自父母对她和弟弟态度的完全不同。

她大学毕业后留在大城市，五年后，弟弟毕业，妈妈让她帮弟弟找一份工作。于是她托老家的朋友的关系，帮助弟弟进了一个小企业当文员。没多久，弟弟要结婚。母亲要她出 20 万给弟弟付首付。她自己跟老公还在还贷，却被要求给弟弟买房。拿不出钱，母亲直接打电话来骂她没用。后来，她老公为了息事宁人，找自己父母借了点，给弟弟付了首付。

之后，只要家里有需要钱的事，她妈妈第一个想到的就是她。但从来没有一句感谢的话，连她生孩子，也是来看了一眼，就走了。

她生了个儿子，她妈妈开口就是一句：反正这个儿子也不随你姓，你是给他们家生的。她的内心一片冰凉。在她妈妈心里，嫁出去的女儿，泼出去的水。但伸手要钱的时候，却处处想着这个嫁出去的女儿。

另一个朋友，家里排行老二，上面有个哥哥。这种情况本来应该看起来不会有"扶弟魔"的情况了。结果，妈妈重男轻女，这边女儿刚收来彩礼，那头立刻用这钱给自己的儿子买了辆车。

　　爸爸有一年生病，她自己已经垫付了不少，剩余的钱，母亲还是希望她来承担。她说：我跟哥哥一半吧。妈妈说：你怎么那么不孝顺，你没钱了你老公会给你，你哥哥的钱要养家的呀。

　　更别说每年的压岁钱，给外孙女 100 元压岁钱，给孙女和孙子每人 500 元。

　　女儿问她：为什么外婆给他们的压岁钱是 500 元，我只有 100 元呢？我朋友只能笑笑：因为我们家有钱，不需要外婆给太多了。

　　二胎家庭中出现的问题，其实主要的原因并不在于哥哥姐姐、弟弟妹妹任何一方是否足够有担当或者太过依赖。而是父母在子女问题上，是不是足够公平和对孩子们足够尊重。

　　我们不在乎付出多少，而是希望所有的付出，都不是寒心的、心碎的、让人牺牲而充满痛感的。

　　许多子女，在帮助手足问题上，都被父母的意志裹挟着，但他们希望的是：你能不能先问问我愿不愿意，就当是尊重我也好。

　　没有人天生自私，也没有人天生伟大。我们愿意为手足付出，真的不是因为钱、因为学历、因为地位，最重要的，是出自爱与尊重。

PART 3

孩子的教育，家庭的教育

你对孩子好，是为了自己吗？

2021 年，有一部引起了广泛讨论的关于小升初的电视剧《小舍得》，某种程度上，它也像是一面中年人生活照妖镜，放在每一个当代家庭面前。

女主人公是一个近乎疯狂的鸡血妈妈，甚至为了儿子所谓的成绩，达到了不择手段的地步。

孩子考试成绩不理想，她跑到学校里闹：将数学老师在外开班的事在朋友圈里公开，最后老师被辞退了；孩子没上金牌班，她找到上了金牌班的家境贫寒学生的母亲，拿钱引诱她放弃，遭到了同学妈妈的拒绝；一听说孩子没当上班干部会影响今后的升学，就跑到老师那里求情，希望为孩子谋求一个一官半职。

为了孩子，她确实可以说做了一个妈妈能够厚着脸皮做的所有事。你不能不说她良苦用心。但成为好孩子的妈妈在家长中扬眉吐气，在姐妹面前能够挤兑朋辈的孩子，也是她乐意看到的。不择手段把别人比下去，成了她最大的目标。

教育内卷背后的每一个妈妈，都是左手拿鞭子抽自己，右手拿鞭子抽孩子。

一个好友说：看到电视剧中的两个女主人公时，心里很害怕，因为教育内卷背后，有疯狂的父母，也有正在扭曲的孩子。

首先，我们来聊聊什么是教育内卷。

知乎上一个比较通俗的说法是："由于资源总量固定不变，导致每个人都付出了远超必要条件的努力。"通俗来说，就是人们不知不觉陷入了互相竞争中，而这场竞争的结果是：多数人亏了，只有少数人赚了！

教育内卷，使父母越来越迷惑于一件事：我们想让孩子那么努力，到底是为了孩子，还是为了我们自己？"鸡娃"的本质，是让娃成长，还是为了给我们贴金？

所谓焦虑感，也不过来源于父母望子成龙的努力。

孩子是为了他自己吗？不，孩子是为了他的妈妈。

我一直觉得很多妈妈，当然包括我自己，其实是一个矛盾体。一边告诉自己，不要逼迫孩子；一边又告诉孩子，不能放过自己。

前几年的我，也是一个疯狂奔跑的新手妈妈，不知不觉中，孩子已经不堪重负。但现在的我不会了。就像前次女儿本来报名想考某辅导机构的创新班，结果因为上完网球课，时间来不及。女儿跟我商量，能不能不去考了，因为真的太累了。放在以前，我可能会让她坚持；但现在我尊重了她的意见。

她在提高班里，其实已经很努力了，去了创新班，看上去是同龄人中的佼佼者，但仅仅是在那个评判体系下获得了还不错的成绩。这些都只是人生的一段经历，就算短期之内成绩真的有了很大提高，那又怎样呢？

前些天，我一个北京的朋友来杭州。她家女孩四年级，成绩不错，体育不错，特别活泼爱动。

我说，你出差放心得下孩子的学习吗？北京不是内卷很疯狂吗？她说，没什么放心不下的。

处女座的她，事业小有成绩，自创品牌也做得风生水起，但她对于"鸡娃"这事很淡定。不仅因为她家的娃真的厉害，而且她认为，人的一生是谜，孩子也是，对成功不必执著。

我们可以仔细回忆回忆，自己小学时代的同学。那些成绩优秀的，有很多干出了一番事业，也有很多泯然于众人；那些成绩普通的，很多通过自己的不断努力，也成为社会的标杆，当然一大部分还是普通人。

其实，有没有发现，普通人，才是大部分人的归宿。而做幸福的普通人，才是人的终极目标。

孩子的一生，跟我们的一生一样，是一个猜不透谜底的谜语。作为家长的我们，要负责努力，也要负责宽心。

孩子不够努力的时候，确实要加足马力；但孩子足够努力的时候，家长就需要安然于心。你不知道他的下一步结果是怎样，也不知道10年后的他会怎么样，你希望他拼命努力，求的仅仅是一份心安。

"慢下来"的教育，不是不让孩子努力，而是让孩子在自己的节奏上努力。在现实的社会评价体系里，让他尽自己最大的努力，成为最好的自己，才是最重要的。

我们渴望孩子成才，但我们要认清一个现实：人生路漫漫，一切都要尽人事，听天命，少逼迫孩子，也放过自己。

若干年后，他会有他的路，就像你有你的人生一样。

你我皆凡人，平凡而幸福。

天赋真的比努力重要吗？

这两天，我在关注杭州的中考。

家人说我，孩子都没上小学呢！有必要吗？谁知道将来一年年的又有什么花样。

我之所以关注，是因为内心的不确定感，这样的不确定，又要多年以后才能够得到答案。所以，某种程度上，我是理解那些焦虑的妈妈的。

对自家孩子有期待，是人之常情，希望他们被认可，也是正常心理。

"人家孩子考 100 分，是因为卷面只有 100 分，你家孩子考 94 分，是因为你家孩子只能考 94 分。"

就问你一句，这话扎不扎心。我仿佛看到了有些妈妈那股子惶恐又不自信的表情。她承认，又不想承认，虽然她也知道，自己孩子确实不是天才。

这还不是最可怕的，可怕的是很多人根本无法接受自己孩子的普通，也不去了解他人生的天花板。

天赋这词，真的非常值得深思。

天赋和努力到底是什么关系呢？其实，我觉得可以从最简单的道理讲起。

前两天，看到果壳网主笔、微博大 V 游识猷的有感而发："说到天才，我就忍不住想起自己刚上清华时的经历……

"上清华的人，基本都习惯了跟自己身边的人比较。但是到清华的第一件事，就是学会，不要比，这对自己的心理健康不好。

"因为你身边真的会出现那种——你考 90 分，是因为你的实力到了 90 分；他考 100 分，是因为卷面总分只有 100 分——学生。

"等我熬到毕业，我已经悟出了一个深刻的道理，那就是——

"人类的默认配置，是跟周围的人比较。然而，一个人一辈子可能也就跟几百个人打过交道而已。"

人这辈子是一定有一个出厂设置的，这个出厂设置，基本确定了你人生的架构。

先说说我自己。

我偏科严重，但也不至于理科 0 分，文科 100 分。就算文科考得比较好，理科也能保持中等水平，不至于垫底。

我在初中阶段，学习成绩一直还不错。但这样的好，仅限于保持班里第 5 到 10 名。跟那些动不动就考满分的大神呢，还是无法比较的，他们再糟糕也不至于落到 5 名之后。当然，我考再差，也不会到 20 名以后。

到了高中之后，物理就成了我的短板。哪怕教我们班级的物理老师是当地鼎鼎名师，我还是不懂那些知识点。

老陈对此深有体会。他无法理解我为什么学不好物理。但我所有字都认识，变成一道题就理解不了了。只要考试有物理，我语文英语再靠前，也没用。所以总分始终上不去。

后来，我考了一个普通本科。

经常有人问，是不是什么科目考砸了。我说，不是，这就是我能力的真实反映。

一个人的天赋，当然是客观存在的。如何用好天赋，并且发展天赋，才是父母和孩子要努力的。

比如我女儿 Grace。学钢琴两年多了，目前的水平只能说在同龄人中还不错。这还是基于起跑早，所以曲子会得比较多。但相比那些真正有音乐天赋的神童，估计连他们脚跟都摸不到。而她的跑步是班级女生中最快的，比一般男生跑步都快，但她从来没有接受过任何训练，像其他跳绳、网球等体育活动，她也都学得非常快。

天赋有了，就代表有好的结果吗？事实上并不是。

如果你不去努力，你未必比别人表现优异；但如果努力了，你一定比其他天赋不如你的人更优秀。

天赋是你的天花板，而你能不能摸到，更多取决于个人的努力和环境。

那么，没有天赋，是不是就一事无成呢？我们总说上帝造人不公平，有些人拿得一手好牌全面发展，但有些人拼尽所有努力，却只能成为一个普通人。

如果有这个观念，我先给你纠正一下。

事实上，所谓的优秀人，是相对优秀；所谓的差劲，也是相对差劲。大部分人都是普通人。就算我们眼中的天之骄子，当他们进入一个聪明绝顶的人集合的班级，也会有恐惧感。

每一个群体中，最后胜出的，一般是两类人：

一类是这个环境中最聪明的人，也就是所谓天赋超群的，事实上这样的人没有几个。

一类是这个环境中最努力的人，在和周围人天赋等同或者接近的情况下，他有多努力，就有多优秀，毕竟大部分人都是资质平平的那类。

当我们发现自己并不是最有天赋的那一个的时候，我们可以成为最努力的那一个。努力不会让你每次都进步，但一定不至于让你跌入谷底。

一个人最重要的是具有自我认知的能力。认识自己的天赋，认可别人的天赋；不要总觉得自己可以所向披靡，看清自己，认识自己，比一切都重要。

学会自身努力，也尊重别人的积极向上。不要因为自己没有他人所拥有的天赋而懊恼，也要学会赏识每一个努力的人。

人这一生，学会和自己比，努力成为最好的自己，其实就已经足够了。

对于孩子来说，亦如是。

第一次决定与婆婆分开住

近日，我第一次动了念头：想跟老人们分开住。

老公在部队，我跟婆婆一起住了7年，同一个屋檐下关系还算不错，也没有太大的争执。我妈偶尔过来帮忙，两亲家之间比姐妹还亲。

有段时间，家里出现了三个老人：婆婆在杭州帮我带小孩，妈妈因为大病在杭州做治疗，我爸全程陪护我妈。

我确实享受了老人带来的便利：回家有饭吃，不需要操心家务。但与此同时带来的，是长辈们的隔代教育观念在孩子身上深深的烙印，以及不得不每天一边带娃，一边跟老人们进行抗争。

我终于明白茨威格说的："她那时还太年轻，不知道命运所赠送的礼物，早已在暗中标好了价格。"

所有你所享受的便利，最后都是一把双刃剑。

一大早，女儿赖床，知道她起床慢，我一入冬就开启了中央空调，目的就是让孩子有充足的时间，自己动手脱去睡袋换衣服。

女儿刚起床，婆婆就在她旁边坐好了，一手拿着衣服，一手拿着裤子。

我说：让她自己来！我女儿说：奶奶，我自己来！

婆婆不甘心：怎么了？谁长大了还不会穿衣服了？先把衣服穿上。

我说：你不要给她穿衣服了。

婆婆不听，又拿起一件衣服准备套。我只能提高声音又说了一遍。婆婆突然说了一句：这么大声音，打算吓坏孩子吗？

于是东拉西扯一阵子，在你争我吵中，花了快 20 分钟才把衣服穿完。——起床就吵得昏天黑地。

我跟婆婆如果争吵，只要我妈在，一定跟婆婆站在同一战壕，一起批评我对孩子要求太高。

老师也跟我反映"Grace 的自理能力和其他孩子比明显是有差距的"，说真的，我已经很努力想让她自己的事情自己做，可是家里条件不允许啊。

起床过后是吃饭。Grace 吃饭很慢，而且只吃蒸的、煮的，一到冬天，早饭更是心头病。

这个时候，奶奶外婆又出手了。不管 Grace 怎么拒绝，奶奶的勺子已经伸到了嘴边，外婆手拿包子也跃跃欲试。

我说：妈，你们让她自己吃。

两个妈几乎异口同声说：怎么了？以后谁还不会吃饭了？还不是指望她能多吃点。

我无法忍耐的每一天，都会跟老公哭诉。

老公说：那你也得等我转业回来。

我对她们没有半分恶意，她们也对我关爱有加。但却偏偏因为对孩子过于宠爱，成为我们无法协调的门槛，这在孩子年长之后，问题越来越凸显。

前些日子，孩子线上作业做错了，我让她订正作业。

婆婆进来后说了一句：啧啧啧，幼儿园的孩子，怎么跟明天要高考了一样。

我说：这是培养良好的学习习惯。

婆婆补了一句，这才多大，你也太焦虑了（好，"焦虑"这个词语都被她学到了）。

我说，我没有焦虑，做错了当然要订正啊。

婆婆说：现在已经晚上 9：00 了，一个晚上，又是弹钢琴，又是读古诗，现在还要订正错题，你还打算让她休息吗？

我看了看时间表。其实每个周六我们都有一整天的休息时间，其他时间难道就是吃吃喝喝玩玩吗？

到了读英语的时候，我说：你这里读得不对。她没作声，结果下一个又错了。我说：你要仔细些，复数后面有一个"s"。

到了下一本阅读，读下去还是漏了一个"s"。我不由得提高了语调说：你真的要仔细点！

声音一响亮，我妈就从房间里赶到了书房：怎么了，你这么凶干吗？万一让她患了抑郁症怎么办？现在孩子压力大，精神崩溃的还少吗？

我有点被我妈的阵仗吓到，小孩子精明得很，Grace马上装作特别委屈的样子。委屈在两个老人那里特别有用。果然，我妈的眼泪掉了下来。这个时候，我都不知道该怎么说下去。一边是拖着病体还在哭的妈，一边是一脸无辜心里暗喜的女儿。

生气只能往肚子里咽，嘴里还得说：算了算了。

我妈说我必须跟孩子道歉。我说不行，是她错了。但我又不能让我妈太生气，只好默不作声地被我妈指责。

这几年，什么甲状腺结节、乳腺增生已经都跟上了，我已经对这些病见怪不怪了，也都能坦然接受。

当妈后的难，真的不是你能控制的。一年365天，总会时不时硝烟四起，甚至让你怀疑人生，甚至问一句：你到底图啥？

是啊，图啥？

我现在有自己的事业，有房有车没有经济负担，想买什么几乎不需要太过脑子，我这么要求，是为了自己吗？

"我是为了你好啊！"这句大俗话，终于也挂上了嘴。

有些时候，不是你跟老人的生活无法相处。都是五谷人生，哪有那么难。只是当你们发现彼此的理念背道而驰，甚至针锋相对的时候，才是刀光剑影里，两代人真正的摩擦点。

我用我的方式爱孩子，她们用她们的方式爱孩子。可是，如何爱却是两代人最深的矛盾。

活到这个年纪，她们其实希望人生更松弛，因为我们已经被培养成人，她们看到了一个孩子从小到大的成长之路，知道人间有太长的路要走，也更愿意平和接受自己的孩子。因为她们的孩子已经长大。

而我们这些新手妈妈面对着孩子，像是拿着一张彩票，一点一点刮开，永远不知道孩子的未来是怎样。我们也知道大概率是"谢谢惠顾"，但我们还是希望自己的孩子，能够在若干年后能飞翔得更高更远。

对一个孩子的一生，影响最深的，永远是童年时养成的良好品性，这会让他将来对事业严谨，对生活认真，对世界有爱意。一个人的时候勇敢，两个人的时候有爱，拥抱自由也尊重规则。

这是我们不断努力的未来。

养育孩子，尽力而为，夹杂着的也只是两代人的一场无声抗争。

隔代教育，有爱，也有矛盾

作为一个不得不借助老人参与育儿的我，一直在家谨言慎行。倒也不是做小伏低，是觉得既然享受了老人给予的便利，也要尊重老人的付出。

可最近却发现，拥有老人的帮助是一种幸福，但代价是你可能根本没法拥有主动权。你在生活上享受多少，就会在话语权上失去多少。

就像那句：没有我们，你看看你还行不行。

而我不管。我坚持做自己认为正确的事，于是我们的对抗一直在进行中，这是一个中年老母亲最后的倔强。

作为一个军人家属，两个孩子，我还有自己的公司要运营，没有双方老人的帮忙，基本不可能。

别问为什么这样了，你还生孩子？

在经济条件和家庭支撑上，我们生育两个孩子并不足以给我们的生活造成负担。我们斗争的点，永远都是两代人希望以自己的方式教育孩子。

比如老人们，他们大概也是看透了人间百态，觉得人这一生努力重要，但运气也很重要，一人一命，活那么累干吗呢？

尤其是我爸，小时候对我的要求很严格。从小学开始，我每个周末只有半天休息，其余时间在上写作班、硬笔书法班、毛笔书法班、笛子班；十多岁的晚上，每天去艺术团练习到晚上10点多，为了市里的春晚，还彩排到晚上12点。

那时的他们，放到现在也是"鸡娃"界的战斗机了。

但到了现在，到了我的孩子身上，他们却希望孩子每天晚上8点睡觉；认为弹琴超过半小时觉得会累着；孩子多写两个字就讽刺我"是不是孩子明天要高考了"。

面对这样的冲突，几度想落泪，都忍住了。不是因为放下，而是因为算了。

我总怀疑，一个人是不是年纪越大，对人的要求就越低。因为他们觉得人生可能已经无法改变，所以随遇而安。

而我们想的是：孩子如果努力一点，以后是不是可能就不会有太多遗憾？不是想有多优秀，而是希望至少不会拖后腿。

我跟好友说过一件事：

有一段时间，Grace 突然上厕所的时长，从平时三五分钟，拉长到了 20 分钟，我进门去看，发现她呆呆坐着。

我说：Grace，以后有感觉了再进去上厕所好吗？毕竟时间也宝贵。

尤其是早上，本来冬天就起床晚，早上 7 点起床，上厕所时间一长，严重影响孩子的吃饭时间。

婆婆听到我们的谈话，跑进来：我的天哪，孩子上厕所你都要干涉，现在的孩子太难了。

我很耐心地和她解释为什么要缩短这个时间。婆婆跟我争执：这又不是什么大事，会不会多虑了？

要知道习惯是一天天养成的，而这个情况，已经 7 天了，很容易形成身体的生物钟。

婆婆叹气，Grace 偷笑，我纠结。

老师和我说：孩子身上，没大毛病。一个性格温和、专注力强、学习能力不错的孩子，老师是很欢迎的。但是有一个很明显的缺点，就是生活习惯有问题，虽然现在进步很大。

言下之意，孩子生活习惯不行。

听了这话，我苦笑。天知道，家里的老人根本不给孩子动手的机会。

孩子刚吃完饭，外公已经把餐巾纸递到手边；孩子想扫地，外婆就在那边喊，别扫了，读书去；孩子刚起床，奶奶已经把衣服套进了头里。

我轻声说：让孩子自己来吧。老人们假装不听见。

我大吼一声：你们再这样，我要发火了。

我爸说：怎么回事，火气那么大。年纪越大，脾气还越大了。我只能偷偷关上房门，像门神一样守在外面，防止老人进入干涉。

每次我跟好友说，发现大家都有这种无奈。很多时候，不得不为这些事焦头烂额，听上去不值一提，但事实上严重影响了我们的生活。而我们从来都不是有意顶撞老人，而是在孩子教育这件事上，无法妥协。

不过现在，我已经想开了，与其不断跟老人纠结，不如就成为一个"剽悍"的中年女人吧。

首先，坚决不跟自己过不去。作为处女座，我之前常常跟自己较劲，比如生闷气、流泪，但是现在不会了。说白了，养娃这事，只能尽力，不能完美。

其次，对于孩子行为的原则问题坚决不放弃。尤其是已经确定的规则问题，如果老人违反了自己还装傻，那就是他们的不对了。哪怕跟家人吵架，我也会努力纠正过来。不是为了让孩子得满分，而是不想因为这个短板，影响到孩子未来的生活。

最后，坚决不示弱，做好单打独斗的准备。以前老人们总会用恫吓的方式，比如"你再这样，我就不帮你带孩子了"。现在，我说：你们不帮我们带孩子没关系，我自己带，反正这条路是我选择的，老陈回不来，那就我来带。但注意了，这是我的牺牲，不是我自己乐意的。

听我这么一说，全家就没人再来威胁我了。

我当然感激他们帮我带孩子，但如果代价是可能会影响孩子的人生，我宁愿不要这一份享受。

争执了几次后，家里明显安宁了不少，最大的改变是老人学会了在育儿路上闭嘴。

我经常觉得我们这代人在孩子从小的教育中，应掌控局面和不断创新前行。

我们有对生活的热爱和严谨，我们的认知可能不是非常全面成熟，但一定有真诚和善意。

在跟老人的相处中，我们愿意和他们成为朋友，但也不能总是低头。隔代教育的矛盾，可能是无法避免的。但如何改进隔代教育中的不足，真的是我们可以努力的。

跟老公吵架，被孩子看到，到底该怎么办？

不知道大家有没有这样一种感受：和老公不在一起的时候，希望他回来；但一旦在一起，可能他的一句话就能让你炸毛。

在长久的夫妻关系里，各种小事一不小心就像导火线，没有人知道下一场爆发在什么时候，但你却知道它会实实在在不断出现在你的婚姻里。

这不，老陈回来的第三天，他的一句话把我惹毛了。

事情是这样的：因为胖而略微有点焦虑的我，在浴室的镜子前，一边刷牙一边在那念叨我要下定决心减肥了。事实上，在十一假期，我瘦了 3 斤。

老陈也在刷牙，于是歪头看我：大概从去年开始到今年，一直说要减肥，你做到了吗？这不还 10 斤肉挂在身上吗？

老陈总觉得自己的玩笑很有意思，风趣幽默，但在我看来，不会聊天的人真是一分钟就能把天聊死。

一个心态已经焦虑到极点的妻子，此刻最需要的，不是刺激，而是鼓励。

我咆哮了：你能不能说句人话？

老陈不罢休：难道我说的不是事实吗？你看看你的腰，不，你没有腰！

女儿刚进来，就看到我在那里哭，在那里咆哮。

天地良心，女人哪个地方越无法过关，就越在意。比如我现在，介意别人说我胖，可偏偏吐槽你的还是你老公。

女儿吓在那里。6 岁的孩子更敏感一些，冲出门问婆婆：爸爸妈妈怎么吵架了，发生了什么，我该怎么办？

这个时候，我才意识到，我在孩子面前失态了！

重点是：孩子见证了父母吵架的全部过程。

结局是：老陈跟我道歉，我们握手言和，一切回归正常。

我之所以说这件事，是因为经常有读者问我：在孩子面前跟另一半吵架了，怎么办？

那么，在孩子面前，到底能不能吵架？

今天我要告诉大家：可以！

作为一个人，一个女人，我们要允许自己有情绪

我一直觉得，女人没必要在孩子面前塑造一个完美妈妈的形象——不需要时刻表现出开心；不需要时刻表现出能干；更不需要时刻表现出永远不会倒下的样子。

这样真的太累太累了。从心理学角度说，如果你给孩子营造出了过于完美的形象，一旦崩溃，就很容易给孩子造成更大的心理冲击。

那就不如允许自己有情绪——注意，不是情绪化。那些不压抑自己情绪的母亲，在孩子面前才会显得更珍贵——妈妈是真实的，她也会流泪。

女儿已经进入成长的敏感时期：我做什么都逃不过她的眼睛，有时我皱一皱眉头，她会跟我说，妈妈，你不要心急，不要着急。

有时，我做完早饭，会试探地问她：好不好吃？她都会说：妈妈，你做的面真的太好吃了，是我吃过的最好的面。

很多时候，我觉得她更像是我心里的定海神针，不断鼓励我情绪更平和。

所以，不要害怕在孩子面前吵架。先认清自己是个人，允许自己有不合时宜的脆弱。

再者，吵架时注意吵架的内容和控制自己的情绪化。

有一项调研是这样的：《华尔街日报》整理了教育家、法律调停

人、心理学家的研究与观察，发现父母吵架对孩子并非一无是处。因为孩子会因此更认识到现实人生会有的冲突，了解人们不一定永远看法一致，因此增强了承受情绪的韧性。

甚至，如果父母吵架的方式是合适的，孩子还会学习如何应对人际冲突，了解意见不同有时会带来的好处，甚至锻炼他们的同理心，增强情绪的安全感。

你看，吵架没那么可怕，甚至还有人专门在孩子面前吵架。

哈佛大学心理学家丹尼尔·夏皮罗 (Daniel Shapiro) 和妻子，有时候会故意在 3 个儿子 (7 ～ 13 岁之间) 面前制造一些"小争吵"。"我们希望孩子们看到，冲突有时候在所难免，并且不是一件坏事，人们可以从中学到很多东西。"

换言之，吵架是让孩子了解这个世界的多样性，双方是在争论，但不是无谓地争吵，而是有原因的，也能让孩子更了解事情的全貌。

比如我跟老陈的这次吵架，也是事出有因。老陈觉得我胖是因为我不自律；我觉得我胖但你不鼓励我，是对我的不尊重。

这个时候，我们可以告诉 Grace，爸爸妈妈吵架的原因和冲突点，让她自己做一个选择和判断。

当然，Grace 是站我的，她觉得是爸爸不尊重妈妈。

吵架过后，父母要学会在孩子面前讲和

夫妻之间，有时候认错不代表谁真的错了，而是我们希望在吵架之后，依然找到平衡点。

但如果被孩子看到，其实，我们要让孩子知道吵架的结果——比如和好如初。这大概是许多夫妻最后的选择吧。

我能够感受到女儿在那里观察我们的样子，尤其是她呆呆站在那里——一脸恐惧。内心当然是内疚的，不过我们都愿意选择以一个更好的方式来结尾。

老陈过来说：好了，孩子在，我以后也会注意自己的说话方式。他说完，抱了我一下。

气当然没完全消，但如果一点都没消，肯定是假的。但至少能够回头对女儿说：好了，妈妈已经不生气了。

别总说，不要在孩子面前吵架。如果实在无法控制自己的情绪，那就释放一点，又何妨？

孩子是家庭关系的一分子，她也有权利知道一些事情，该怎样面对，然后做出自己的判断。

成为父母之后，总是有专家教育我们应该这样做，不应该那样做。

我倒是觉得，不妨让孩子知道：妈妈不是超人，爸爸不是超人，谁都不是超人。

今天，我给所有妈妈们"打打气"，千万不要害怕在孩子面前吵架。尊重孩子、尊重对方，当然更应该尊重自己的那一点点情绪。

对于情绪的把控能力很重要，但让孩子看到妈妈有情绪起伏也一样重要。

我们需要跟生活和解，跟自己和解。

吵架就吵了，在孩子面前吵架也没关系！

你说呢？

男人参与育儿，到底有多重要？

在结婚8年后，在有娃7年后，我们第一次没有依靠双方父母，扎扎实实带了10天孩子。

我一直说，我跟老陈没有成为真正意义上的独立夫妻，因为很多事都是父母帮衬着。以至于长辈们都担心，没有父母帮助的我们以后该怎么相处。

作为异地夫妻、职场男女的我们，其实没有太多机会真切体会到24小时带孩子的辛苦。当然，我们也一直不被信任、不被看好。

这次，一想到我们两个要独自带两个一个7岁，一个3岁的孩子，居然还有点紧张。是啊，当爸妈都已经7年了，这居然是我们第一次独立做父母。

当老陈颤抖着从婆婆手中接过尿不湿、奶粉的那一刻，他内心其实是崩溃的。而结束之后，却觉得是一次成长。本来想着休假是一个"休息的假期"，结果迎来了带孩子的"假期"。

结束的那一刻，他说了一句：我可以。而我，也第一次明白：其实，男人也有另一张面孔。

男人，没有你想象得那么懒。如果懒，很可能是你做得太多。

就像这次，老陈想让婆婆留下，这样三个成人带两个孩子，还能够招架。但婆婆明确表示不同意：既然你回来了，就自己带！

老陈基本死心了，原来妈妈这么干脆且绝情。后来我生病了，家里洗衣做饭买菜都是他，他不想去求自己的妈妈。

这段时间，我们发现：不需要阿姨，两个人带娃、做饭、做菜、洗碗，做家务，忙忙碌碌一整天，但居然也做完了。

我之前说过：老陈基本对我没有太大的期望。出嫁前，我就没做过家务。当时公婆和老公都纷纷表态不需要我做家务。事实上，我确实很少做家务，因为我把时间全部投入到了工作和带娃上。

这些天，我只做两件事：一是做菜，二是带娃。

做菜，需要入口，且我们不喜欢常在外边吃，所以只能挑做得相对好的那一个人来做饭。虽然老陈一直觉得自己是做菜的料子，发誓转业后每天自己做菜，但是，真正操作起来，他的技术总是乏善可陈。并且，口味重得连他自己都难以下咽。

而我，从做饭到做菜完成，一般半个小时就能结束，且又快又好。虽然都是蒸的，但每一盘都光盘。

带娃这事，我承担了一半。我负责带老大，老大的课程我了如指掌，带起来得心应手。老二很黏我，但是如果我都带了，这样的结果就是——爸爸的作用有可能被削弱。

为了不让这样的事情发生，老二分配给了老陈带。

老二的不可控性更强：看书、看绘本，容易乱丢弃；老是想着出去玩；对事情的专注时间不超过20分钟。

老陈得想着法子哄她，一会扮小可爱，一会陪她玩蘑菇钉，一会给她看动画片，再一会带她看绘本。

但让我很意外的是，老陈除了拖地、洗衣服（丢进洗衣机那种）、洗碗，居然也可以圆满完成带老二的任务，且毫无怨言。

只能说明一点：男人在带娃方面，也是可以上手的。多锻炼男人，才能培养出带娃小能手。

这些天，我做得最多的是——夸奖他。

要知道，夸男人，尤其是干活的时候夸男人，简直太有效了。

经常碰到这样的女人，一碰到男人干活的时候，就各种挑刺：地没拖干净，衣服还有污渍，饭菜烧得不够好吃……

这样的结果是，男人永远觉得反正"你行你上吧，我就当一条咸鱼"。

正确的做法是，永远夸奖他，只要他肯干活，就拼命夸他，而且不遗余力。

其实，男人怎么会不知道你在恭维他。但人啊，总是架不住别人说他好。

在这期间，妹妹突然生病了，又吐又拉。我们怀疑是诺如病毒。一个晚上，我们起来了两次。

一次吐得我们床单上都是，幸好我们垫了厚厚的毛毯，否则乳胶床垫得遭殃；还有一次是尿不湿没兜住，直接拉到了床上。

那个晚上，老陈洗了两次被套和垫被。

老陈说话不好听，一口一句：你洗不干净，我来洗吧，你去睡觉。语气真的不好，但我知道，这个直男只适合过日子，不适合甜言蜜语。

第二天起来，第一件事就是夸奖了老陈：你简直是世界上最好的男人啦！

老陈依然是直男口吻：行了，别说了，管自己去吧。

就算我再赞美，他也没有一句感谢。但那又怎样呢！

起床看到他在厨房里煮年糕；吃完饭默不作声洗完所有碗和锅；洗完之后把家里的地板都拖了一遍；然后带着两个娃出去散步，一边走一边说：不要影响妈妈工作哦。

夫妻之间，有时真的不要太含蓄。学会夸奖对方，学会说好听的话，哪怕对方没有很好地回应，其实也是彼此感情保值的基础。没有人喜欢冷言冷语，谁都喜欢被看到、被欢喜、被赞美。

除了赞美，还要学会给彼此减压。

曾经，我跟一个朋友出门。期间朋友的老公打来电话告诉她：家里100多万的豪车被蹭了，修一下可能需要不少钱。

从她老公的语气中，明显感觉非常焦虑，且很抱歉。毕竟修一下，真的花费不少。虽然不缺这个钱，但用在别的地方不香吗？

好友笑了笑：没事，你看着办吧，看看要怎么处理。一点小事不要太紧张。好友挂了电话，脸色轻松：他知道自己错了，就算了。为了一辆车，大吵一架不值得。

这个故事，一直在我的脑海中留有烙印。

一起带孩子的这些天，我跟老陈一直在贯彻一个理念：就是给对方减压，接受对方生活中的不完美。

我做鱼的时候，把豉油放多了。一条鱼看上去就像浸泡在酱里面，非常不美观。老陈居然笑了笑说：没事，不咸。

他呢，带老二的时候，两人赶来赶去，把桌上的水打翻了，水洒得到处都是。当时，我正在里面，只听到一声尖叫连忙赶出去，看到一片狼藉。我没说什么，第一时间赶紧擦干净。

这样的事情数不胜数。我一直觉得自己有点处女座的龟毛，但在生活里，我已经渐渐抹掉了这一特征。

完美这件事，只能要求自己，不能强求别人。很多时候，对方已经知道错了，就不要再去指指点点了。夫妻之间的包容和理解，比你为他做再多的事都让他安心。

随着他的休假结束，也随着婆婆的回来，还有孩子的即将开学，我们两个独自带娃的日子，基本上也快结束了。但这些天，最大的收获是，我重新思考了夫妻之间相处的许多细枝末节。

我们有无数次可以争吵的时候，但我们最终学会了闭嘴；我们也很想放弃，但坚持一下发现一切都在朝更好的方向发展；我们以为完不成的事，最终也做到了。

成长，其实是一次被迫独立后的努力，更是一次相濡以沫的经历。

最好的感情，不过是在平凡的生活中经得起平淡的流年。有爱、有包容、有信心，记得相信伴侣，就像相信自己一样。

爸爸都是女儿奴?

一次朋友聚完会，大家开始散会。

Lisa 的女儿突然瘫在那里说：我吃太多了。8 岁的小孩，1 米 3 高，体重粗粗看，也有 60 斤了。Lisa 的老公二话不说，心领神会地把女儿抱了起来。女儿抱住爸爸的脖子，神气活现。

我有点看呆了，这个抱在身上的宝宝还真的有点大。

Lisa 拍着被抱起的女儿：你给我下来，像什么样子。Lisa 的老公回过头，凶老婆：难看又怎样，又没让你抱着!

Lisa 摇摇头，跟我慨叹：你记不记得我上次跟你说过的事，有天晚上，女儿想吃一家小店铺的老酸奶，爸爸开着车给她出去买酸奶。还下着大雨，两个人回来后高高兴兴地在客厅里吃酸奶！而且，他只买了两份哦，好像我是空气。我都不好意思在客厅里跟他们一起，一个人默默睡觉去了。我怀孕的时候，跟他说我晚上想吃什么，磨磨蹭蹭非得第二天买。女儿一声令下他马上行动，生怕下一秒她就不高兴。

看到女友情不自禁地吐槽，真的是很感慨。

结果老陈在一旁说：没什么问题啊，女孩子就是要宠啊。她累了，当然要抱啊。

我的眼前忽然就出现了前次我们一起带着女儿去吃饭的场景，路上的时候，6 岁的 Grace 坐在老陈的脖子上，跟个熊一样。老陈则是高高兴兴生龙活虎的样子。

在老婆面前无论多像老虎，在女儿面前，多半都是 Hello Kitty。这大概也是宿命。

曾经有一个问题：为什么大多数父亲都非常宠爱女儿？

有一个被采纳的最佳答案是：对于儿子，爸爸过多地要求他控制自己的脾气，能坚强一点。而对于女儿，爸爸更多的是接受她的脾气。并且爸爸认为女儿更加善解人意。爸爸在这种思想的影响下，当然会觉得要用严格的方法培养儿子，用包容的方式接受女儿的情绪。

我更觉得，父亲爱女儿，是一种天然发自内心的责任和担当。

从生理上说，他们是强大的雄性动物，对于雌性动物，尤其是弱小的雌性动物，有天然的怜爱。

而从人性角度说，他们对于女儿的爱和担忧，恰恰是为人父的标志。"看谁都像是坏人"，大概是成年女生关于父亲对自己爱的最深的体会。

为什么对待老婆和对待女儿的区别就那么大呢？从神气活现的"杠精"，到唯命是从的"怂人"，大约也是完美展现了什么是男人的两副面孔。

我的一个朋友曾经跟我说，自从生了女儿，老公就像变了一个人，看她就像空气了。

女儿无论打扮得怎样，都是美若天仙，全世界最可爱。老婆要是衣服稍微有点污渍，那可是半天吐槽都收不住。

每天下班回家，一般抱的是女儿；晚上睡觉的时候，抱的也是女儿。

女儿洗澡的时候，门口早早开好空调，准备好吹风机，等着给她吹头发。

女儿吃饭的时候，看着她吃得开心，自己也高兴得合不拢嘴。

女儿学习的时候，虽然焦躁得不得了，拍桌子、扯嗓门，转头还是高高兴兴的样子。

夫妻没有隔夜仇，父女是根本没有仇。说实话，作为两个女儿的妈妈，对于这点，算是体会越来越深刻了。

老陈回来，除了不帮 Grace 洗澡，其他对她都是唯命是从。

以前孩子小的时候，他还陪我看电影，现在都是陪孩子看儿童电影；以前起床都是问我吃什么，现在都是问女儿吃什么；女儿的要求都是合理的，我的要求都是因为我不肯将就。

数学教 10 遍不会，嗓门提高了 8 度，但忍着还在继续教；钢琴弹得糟糕，气得牙痒痒，出来也只跟我撒气。

最明显的，应该是我们买房子时候，他对房子认可的标准是——女儿的房间够不够大，够不够亮，书房够不够大，钢琴放哪里，以后跳绳哪里跳，万一家里要养蚕宝宝哪里比较合适。

我说，我的浴缸呢？我练瑜伽的地方呢？我还想做烘焙呢？

老陈一脸不在乎：要什么浴缸，淋浴就可以；瑜伽客厅里做做就可以了，谁还给你开辟个地方；我想健身，也没说要健身房啊；烘焙你就省省吧，做个蛋糕 3 小时，还不如到外面去买。

他连给女儿养蚕宝宝的地方都想好了，却希望你将就锻炼身体的地方。

这样的父亲，可能还真不少。

我不否认，当下很多人依然有重男轻女的思想。但是，我也真真切切地看到，多少中年男人愿意在女儿面前认怂的现状。

在老婆面前是杠精，在女儿面前是慈父，甚至于说出"愿意养女儿一辈子"的话。

我曾经问过我妈，养女儿是什么感觉？

我妈说：养女儿的感觉必须是好的。你不在，我跟你爸感觉安静如常，你一在，家里就欢声笑语。

女儿，或许真的可以改变一个男人的人生状态吧。如若他们从没有真正爱过谁，但他们一定真正爱过女儿吧。也许这是他们人生的另一种成长呢？

　　适时给每一个愿意为女儿认怂的父亲掌声，也是给父爱加个油。

为了孩子，父母拼命真的有用吗？

有段时间，我跟闺蜜都处于同步的焦虑阶段。我俩每每说到孩子的教育问题，便想相拥而泣。

她的儿子处于幼升小阶段，闺蜜为报民办还是公办焦头烂额。

一方面是民办的吸引力依然存在，家长们希望孩子能够去拼一把。但另一方面实在熬不了月月辅导、月月考试的心理压力。不过好在，目前她已经下定决心：公办。

我们家 Grace 因为上学早了一年，所以结束了在绍兴上幼儿园的时光，要转去杭州读大班。好的公办基本不招插班生，好的民办都是大热门，而且需要层层申请、面谈。选一个合适的幼儿园，既能够让孩子过渡，也能够为未来教育打下基础，真的很重要。

跟闺蜜聊天的时候，两个人都很感慨：现在父母为孩子的上学也太操心了。

这个时候，我俩一起想到一个事：李亚鹏曾经为了窦靖童的转学，在北京四中门口苦等校长3个小时。或许在很多人看来，明星有那么多资源，何必苦苦求别人呢？但事实上，越优质的学校，由于老师见过越多优秀的家长和学生，未必在乎你的资源。

窦靖童终于还是进了北京四中，后来，因为不适应，一年后退学，回到了国际学校。

窦靖童曾经在采访中说过：两所学校非常不一样。学习模式很不一样，学生跟老师的关系也很不一样。

看了这个例子，大家是不是跟我有一种共同的感觉：在孩子的教育问题上，每个父母都是一样的——为了给孩子最匹配的资源，我们都付出了极大的努力。

而第一次当父母的我们，也是摸石子过河。一个个都掉过坑、焦虑过，也为此迷茫过。

今天我把这些自己摸过的石子，一个个分享给你们。

参加国内高考，还是海外求学：父母先想清楚

一定会有人疑惑：我家娃才多大，幼儿园都没上，竟然先考虑这个？你想得可真多！

走一步，看一步——虽说旨在每一小步，但整体规划也必须要有。参加国内高考，还是海外求学，走的完全是两个不同的路子。

我一个研究生班朋友的女儿在国际学校读书，她明确跟我说：像她女儿学校的学生，参加中考、高考的话，成绩估计不如常规公办、民办学校。但学校在英语方面抓得非常紧，小学二年级学生的口语水平就非常强，如果以后打算留学，在英语方面完全没问题。

我看过她朋友圈晒的女儿作业，二年级就已经全英文作业，坦白说，这个外语能力相当可以。海外留学除了看中学业外，对孩子的兴趣爱好、各类比赛成绩、体育成绩都比较关注，父母需要在这方面花费一定时间。尤其是体育成绩，是申请好学校的加分项。

当然一旦选择了国际学校，相对来说，参加应试考试会处于弱势。所以这点，作为父母一定要考虑清楚。

还有一种情况，是决定在高中之后，去国外留学。

那么就需要做两手准备——一边抓紧学业，一边发展兴趣爱好，也就是成为传说中全面发展的牛娃。

充分考量自己的经济能力：教育不需要倾家荡产

我们这一代人，真正的中产其实并没有那么多，顶多就是中等收入家庭。

这里，我们先谈谈如何准备教育资金。

如果要读民办或国际学校，我建议大家先对自己的收入做一个综合评估。

最简单的方式，必须要有足够的钱——也就是学费 ×3× 学习年限，比如非公办学费 5 万一年，那么你尽量准备 15 万一年的费用，这还真不是吓唬人的。

以杭州国际学校为例，学费都是 10 万一年起。那么你需要准备 10 万 ×3×12 年的学费，从小学阶段到高中毕业，你是否能有360 万左右的钱投入到孩子身上。

杭州的民办学校费用在 5 万～ 7 万一年。从小学阶段到高中毕业，你最好能准备 250 万左右。其中还不包括后续的涨价费用。

有父母会说：公办民办，都是要烧钱，现在哪个孩子不搞三四个兴趣班的。

对，但是兴趣班可以随时停止，学业却总不能说断就断——虽然也存在中途无法负担，孩子被迫转出来的情况。这对于孩子来说，就需要从头开始适应学业。

所以，在选择公办和非公办前，一定要仔细掂量一下钱包。

公办、民办、国际学校：真正拉开同龄人差距的是父母的教育

我一直坚持这样一个观点——再苦也要把孩子带在身边。真的，条件允许的话一定要把孩子带在身边，不要只是为了赚钱或轻松，把孩子丢给爷爷奶奶、外公外婆。

那么一定会有人反驳：对对对，谁不知道大城市好，钱呢？大

家都不吃饭了吗？

夫妻两个人努努力，至少从幼儿园开始，把孩子带在身边。孩子的认知水平，跟给予教育资源的人息息相关。从教育资源来说，目前，城市越大，资源越多，优势越明显。

年长一辈有他们的理由：能读书的人，哪里都行。穷人家的孩子难道就读不好书吗？你看看有些城市的状元，父母还不识字呢！

对于这种说法，我劝你看看概率问题。

大部分孩子的资质都差不多，这个时候就需要借助外力，资源越丰富，能够得到的当然越多，优秀的可能性也越大一点。

3岁以后，就要开始培养孩子各种学习能力，不是为了学到多少知识，而是构建各种知识结构，为今后学习打基础。

那么又回到一个问题：钱呢？但不是每一项学习都非得砸几千元上兴趣班，父母也可以跟孩子一起学习。

比如，我闺蜜的儿子花了一个寒假，把100以内数学加减法学完了，用的是几个小册子。

父母多花点心思，孩子自然学得更多一点。

最好的学区房是孩子的书房，不假。而我更想说：孩子最好的学习伙伴，不是老师，不是同学，更多是那个陪伴着他的家长。

你怎么样，孩子就怎么样。

孩子最终成为怎样的人，你或许决定不了。但让孩子在成长的路上，少走弯路，这点你可以做到。

每一次看到那些看着孩子背影离去的父母，总是在想：为人父母，真的是一种责任，甚至是一种不计回报的付出。

每一次看到孩子的哪怕微小的进步，你都会觉得，很有付出感，也很有成就感。

都是第一次做父母，谁都未必比谁更优秀。但父母多努力一点，孩子或许就能获得更好的成长和更大的进步。

往大了点说，人类的文明也是这样，代代延续，生生不息。

PART 4

好的养育，要学会管理情绪

你不经意的一句话，可能影响孩子一生

李健大火后，这位清华哥哥又一次被推上热搜：温文尔雅，又有趣幽默。

网友说：聪明的大脑和有趣的灵魂，金句迭起，段子迭出，说的就是李健这样的人。有一段李健回忆高考的采访视频，也被很多人点赞。

里面有一段对话，让我这个孩子的家长非常感慨：

"我从小学习很好，但学习好也是有原因的，那是突然间有一天考了第一名，老师表扬了我。因为之前我很淘气，打架啊，玩啊，总受批评。那天突然老师表扬我，对我来讲是一个莫大的鼓舞。为了维持这种表扬，从此之后我就很努力地学习。"

"是找到了动力，要那个荣誉感。"主持人华少补充了一句。

李健肯定地说："对，然后我基本就是第一，第二，就一直那样过来了。"

作为孩子的长辈，我震惊于这么一件微小事情对于一个人的改变。我们总是觉得孩子一生的内在驱动力大于一切，但却忘了，长辈的外在鼓励，会在孩子心中有如此深刻的影响，甚至会贯穿他的一生。

什么是鼓励式教育？

西方鼓励式教育的起源要追溯到 1969 年，《自尊心理学》（*The Psychology of Self-Esteem*）作者心理学家纳撒尼尔·布兰登在书中认为，孩子越被夸表现就越好。但也有人认为，鼓励性教育会让孩子盲目自信，看不到自己的问题。

我在观察中发现，不是鼓励式教育不对，而是大部分家长走入了鼓励的盲区。

首先，鼓励式教育不代表没有底线和原则。如果做错了事，就要接受批评和惩罚。鼓励式教育是指在取得进步、成绩的时候，肯定他的努力和成绩，并不代表纵容和包庇他的缺点。

其次，鼓励式教育和严格并不冲突，但和恶言式批评对立。恶言式批评是需要严格制止的。不反对就事论事的批评，但反对恶言式的辱骂，辱骂对于孩子的伤害非常大。鼓励式教育的重要意义在于保护孩子的自尊，维护孩子的信心，以及肯定孩子的努力。恶言式教育的后果则是毁灭性的。

我一个朋友曾经跟我说过一件事。

她说，她对中学时代的一位老师至今都印象非常深刻。她对于一部分学习成绩差且社会家境不好的学生，经常口出恶言。虽然她并不是那类学生，但这让她多年之后，依然对老师这个职业，带有深深的恐惧，甚至产生厌恶。

当时班上有一个男孩子很努力，但成绩总是无法提高，她当着全班同学的面说，男生学习效率低下，表面上用功，其实下的是无用功。这个男孩子当时尴尬的表情，这位朋友至今还记得。

有一个女孩子成绩不好，有点胖。班主任总是明里暗里，当着同学的面讽刺她"又懒又胖"，引得全班哄堂大笑，让女生无地自容。

老师的一句话，有时真的能改变一个学生的命运。她记得那个女孩子初一的时候，成绩中等，后来直接变成了成绩中下的学生，在初三的时候，被劝提早读了中专。还有那个男生，很长一段时间，他都爱低着头。

老师对于孩子的作用到底有多大？我的父母曾经告诉我，学习全靠自己。但后来我发现并不全是。老师的作用实在太大了，大到很多人的一生里，对于老师的一些话都刻骨铭心。

这不仅仅表现在学习上，还有生活上。

良言暖心，恶言寒心，大概在许多孩子一生中，都会记得老师和父母对自己的影响。

我依然记得女儿刚开始学习英语后的很长一段时间，她都落于人后。大概是因为年龄缘故，再加上她的自律性也不强。

我曾经也很想大吼大叫，但我努力克制住了自己，后来我慢慢发现，她的记忆力和模仿能力很强。

于是我对她说：Grace 小朋友非常努力，每次上完英语课一定会给妈妈带一份很棒的礼物，就是学了很多单词。

从那之后，她真的开始回家后，告诉我每次学习的单词。而我也明显感到了她的进步。

她曾经跟我说：妈妈，你知道吗？我最喜欢的就是我拿到奖励的时候，你表扬我。

我渐渐发现，在孩子内心世界里，对于她努力的肯定和赞赏，比所谓的"成功了不要骄傲"的劝诫要重要很多。

给孩子多一点温暖和拥抱，多一点鼓励和赞赏，或许很多年后，他走得很远了，依旧可以记得你如春风般地对他说：你很好，要加油。

你的强迫分享，正在毁掉孩子

上周末，好朋友 Alice 给我抛出了一个问题：她的 4 岁的儿子，在一次小朋友聚会中让她很没面子。

当时小朋友们都在一起玩，也想邀请 Alice 的儿子一起加入。她儿子却一个人在旁边摆弄自己的玩具，既不愿跟小朋友玩，也不接受小朋友的邀请。

当妈的总觉得，一起出去玩，总得合群。那些能够随时随地融入陌生人中间，不断分享自己玩具的孩子，让 Alice 很羡慕。

Alice 一边扯儿子的脚，一边低着声，威逼利诱：你再不把玩具分享给他们，我晚上就不给你看电视！

无效！

你再一个人玩，以后就不带你出来玩！

无效！

而儿子反而因为这恐吓哭了起来，场面一时很尴尬。Alice 找了个理由，说家里今天有饭局，带着儿子赶紧离开了现场。

"这已经不是我第一次发现，儿子有这个问题了。"她一边跟我说，一边很无奈于孩子的不合群。

我笑着问：你让孩子分享，是出于什么目的呢？就是单纯一起玩吗？

Alice 说，孩子就是不合群吧，偶尔有这种抽风的不合群。有些时候，还是会愿意跟人分享。

我说，坦白讲，从育儿理论上说，分享这件事，本来就是一个伪命题。

从 Alice 脸上，我看到了惊讶。

我接着说：因为，分享意味着主动，而非强迫。主动分享是分享，强迫分享是被瓜分。也就是他遇到合适的人，碰到合适的可以分享的物品，他才去分享。而不是每一件东西，必须去和别人share。

许多时候，我们总是喜欢用分享来判断一个孩子是否足够有爱，甚至于成为是否有教养的标准。

那么，我们首先来看看，分享最基本的定义。

分享，是指与他人共同享受、使用某件东西。其实对应的是，他是否找到了值得共同享受、使用的人。不是所有的事情，都是非常值得分享的；也不是所有孩子的玩具，都必须要跟别人一起享用。

或许，许多人会想到一个我们从小听到大的故事：孔融让梨。孔融让梨中的孔融，确实非常具有分享精神。但是这个前提是，所有的一切，都是他自发的，愿意去分享。分享与不分享，并没有绝对的对错。这与自私没有任何关系，而关系最大的，或许仅仅是父母的虚荣心。

那么如何让孩子，不从拒绝分享，演变为自私呢？换言之，其实，孩子是需要找到合适的人去分享的，那么帮助孩子找到合适的人，培养其分享意识，格外重要。

我综合了一些各方教育界的意见：

首先，是社交意识的培养。孩子一般在 3 岁之前，物权意识会比较强。也就是说，这是我的东西，所以我认定了。这个时候，不要去过度干涉，因为干涉的话非常容易让孩子产生物权模糊感。

3 岁以后，可以让孩子去社交，这里的社交，绝对不是有些教育机构教授宣扬的培养所谓的"万人迷"。而是，让孩子有自己的好朋友，有自己喜欢的人，让孩子有互相交换礼物的意识。

拿 Alice 让儿子分享的例子来说。在孩子的意识里可能是：大家又不熟，为什么要一起玩呢？每个孩子的个性不一样，有些人自来熟，有些人慢热。但个性差异，不代表品质差异。

分享意识可能成为加分项，但不会影响平时的性格发展，这里指的是一些基本的品性，比如善良、正直等。

其次，及时表扬。这并不仅仅夸孩子"你做得对"！除了"你做得对"，还要恭喜孩子找到了值得分享的人。社交反馈的重要性是，孩子自己感觉到价值，而这样的价值感，最好由父母给予正向反馈，也会加快孩子对于周遭人和事物的接受速度。他从中感受到了快乐，从而更加主动。

最后，要尊重孩子的选择，也就是回到最初的问题上。如果孩子实在不愿意分享，那么不要强求，否则会让孩子产生抵触情绪。这就好比，如果有人逼你和一个你不喜欢的人分享你喜欢的东西，在单纯没有利益诉求的情况下，你非常有可能感受到不适。这在孩子身上也是一样的。

成年人有选择的权利，孩子也有选择的权利。我们要多问问孩子，愿不愿意，可不可以，而不是让他们必须这样。他们 to do，或者 not to do 都是 ok 的。

我也知道，身为父母，都非常容易焦虑。外面的风吹草动，很容易让我们变得不安：

今天这个孩子得奖了，那个孩子成为大家都喜欢的孩子；明天这个孩子考级通过，那个孩子受到了老师的表扬。

而这样的不安，会让我们更加焦虑。

我们有意于把孩子培养成更好的人，但却忘了让孩子成为他们自己。应该多问问自己，我们教育的目的：到底是什么，也就是我们到底需要怎样的答案。

比如，在这个和他人分享的事情上，其实，鼓励孩子与同伴求同存异，顺应孩子发展，才是最好的回答。

"洗一个碗，奖励五毛钱"：毁掉你的，是思维

这几天，收到读者一个问题：你好，我家孩子和我说能不能干家务给些小酬劳，比如洗锅 5 角钱，你觉得可以吗？

我几乎不假思索地回答：没有任何问题。

这也是许多父母的疑问：孩子做了父母认为应该做的事，要不要给奖励？孩子有了突破性进步，要不要给奖励？孩子帮父母做了家务，要不要给奖励？

对于这个颇具争议的话题，育儿界也一直在争论：支持奖励和不支持奖励的几乎各占一半。然而，我更坚持：奖励本身并没有错，真正毁掉孩子的，不是奖励本身，而是奖励过程中，孩子形成的思维。

孩子和你谈条件？恭喜你！

很多妈妈诟病的奖励行为，来源于一个实验——美国行为心理学家伯尔赫斯·斯金纳的物质奖励实验（也叫操作条件反射实验）：斯金纳制作了一个箱子，然后把一只饥饿的白鼠放了进去。小白鼠在箱子内乱跑乱爬时，按压到了操作杆，这时一颗食物丸子被送进了箱子。

几次按压之后，小白鼠便学会了主动按压操作杆获得食物。

但这种频繁"按压—获得食物"的奖励机制是短期的，后来小白鼠只在饥饿时才按压操作杆。

驱动力专家丹尼尔·平克认为，奖励只能带来短期的效果，随着奖励次数的增加其效果会逐渐消失。

这个理论看起来正确，但却忘记了人与人之间最重要的一点——契约精神。

孩子和你谈条件的同时，也是在形成双方的一种契约精神。鼓励孩子跟你谈条件，是尊重孩子的重要开始，也是他迈向自我的重要一步。

许多父母会说：我孩子真的很听话。

过度听话，容易过分妥协；过度不听话，容易成为那个无法管教的熊孩子。而学会谈判，意味着他开始不妥协于外界的安排，学会了主动出击。

一个有想法的孩子，是会与人谈判的。这时候家长不妨坐下来问问他：你认为洗一个碗要多少钱？为什么需要这些钱，你是如何核算的？如果他要涨价，可以让他说出理由。理由足够充分，那就成交。理由不够充分，那就再等等。

他希望通过劳动，获得自己的价值，是一件好事。所以，不要害怕奖励孩子，关键在于你的方式。

很多父母会在交易之前，跟孩子谈好价格。但在交易完成之后，又不兑现诺言。

小时候，周围小朋友说：我妈说我考100分，就带我去北京玩，结果我考了100分，妈妈就说没时间，带我去城市广场逛了一下；我妈说考上重点高中给我买电脑，我考上了结果变成了给我买书。

大人说话不算数，看起来是小事，但对于孩子来说，其实是大事——你今后说的每一句话，都显得不那么有说服力。

在奖励之前，可以与孩子先探讨一下，奖励什么，什么是他最需要的。不要一意孤行说：奖励你一本书吧，反正读书最重要。

首先，可以让他说出自己最想要的东西，以及为什么想要这件东西；然后，制定一个目标，比如30天内完成这个目标，妈妈就可以奖励你；最后，奖励之后，要及时鼓励，如果表现特别出色，可以追加奖励，算是给他的意外惊喜。

很多妈妈会谈钱色变，毕竟钱这么俗气的东西，怎么能够让孩子早早接触。但是，钱又有何辜？其实都是父母的心理在作怪。

如何让孩子支配奖品，是父母可以把控的事。

Grace 曾经给我谈过一个条件，说：妈妈，我 5 天不看电视，能不能给我 10 块钱？

这个是不是听起来很荒唐。不看电视都能有奖励，这到底算哪门子奖励？

我问她，你要用 10 元钱做什么？

她说，想给妹妹买一个玩具。

其实，我完全可以把 10 块钱直接给她，根本不需要她来交换条件。但她显然愿意通过自己的努力来实现这件事，这也足以说明这件事在她心里的重要性。确认钱的支配没有问题，实现 5 天不看电视这件小事就开始实施了。

5 天之后，她也得到了她想要的钱。拿到钱不是目的，钱的用途才是目的。

让孩子珍惜钱、学会用钱，她才会明白：赚钱并不容易，学会支配自己的钱，才是最重要的事。

我们这些 80 后、90 后父母，要学会用更开阔的视野，来看待钱、交易这个问题。这个问题的核心，其实也是与孩子如何和平相处、平等相处，实现亲子的良性互动。

孩子是你的孩子，但孩子其实更是一个独立的个体。当他开始自主地面对你，告诉你他的需求的时候：

恭喜，他真的开始长大了！

能讲究，会将就，到底多重要

曾经读到一篇文章，里面写的故事是关于名媛郑念的。生得好，嫁得好，可以算是她人生的标签了。郑念出生于清末一个显赫的家族，又嫁了一名外交官，随外派到澳大利亚的先生在那里生活7年回国，一直过着优渥的生活。原以为一辈子非富即贵，不料，人生的下半场急转直下。

丈夫不幸患癌症去世，郑念因为受当时的时代所迫和历史曲解，被捕入狱，开始了6年的牢狱生活。但她没有抱怨，而是尽量让自己得体、心态平和地活下去。

比如她将原本就不多，甚至是吃不饱的米饭，每顿留有一些当糨糊用，将手纸一张一张地贴在沿床的墙面之上，这样她的被褥便不会被墙上的尘土弄脏。后来，相关部门就郑念被错误逮捕和监禁表示道歉。

出狱后，郑念定居美国。

撇开历史事件复杂的来龙去脉，我最钦佩的是郑念身上的既能讲究，也能将就的精神。在亲子教育中，我也开始把这个观念作为教育的重点。

曾经有一个读者在给我的信中言辞恳切地问：因为自己和先生白手起家打拼事业，现在顺风顺水，但是在孩子问题上，她有时也会怀疑自己。

比如，给孩子读当地最好的学校，背的书包也是名牌的，去的培训班一小时就是几百元。

穿衣打扮上，在同龄人中绝对排在前面。还不到 10 岁的孩子，已经跑了大半个欧洲，也去过澳大利亚，生活优渥。也就是从来都没有吃过苦，永远只在享受父母给予的甜。

我给她的回复是：在物质上富养孩子，本来就没有错，如果有条件，带孩子看好山好水，这是裨益一生的事情。但是，我们要让孩子明白一件事，你在讲究的同时，也要学会将就。

你穿得起名牌服装，也不能对普通的服装有任何偏见；你喜欢住五星级的酒店，也要住得了街头小客栈；你背得了几万元的包，也不能轻看了手中的塑料袋。你享受得了今日的富贵，是你奋斗后应得的，到了明天，若是生活颠沛流离，也要能担得起这份落寞。

生活上，最重要的是，在能够讲究的时候可以讲究，在只能将就的时候愿意将就。

张允和的《曲终人不散》里，讲到过这样一段往事：张家是名门望族，时至今日"张家四姐妹"依旧是历史上的美谈。而最让人钦佩的是，在面对世事变迁的时候，她们的父亲张冀牖无论生活多么艰辛，都尽力提供条件让张家四姐妹习诗书，练昆曲。

在生活中活得好，就是在讲究的人生里，对将就有预期；在将就的日子里，对讲究有底气。

带女儿外出旅行的时候，我经常会做一件事：故意辗转不同的酒店。有时去一个城市四天，前两天在几千元的五星级酒店，后两天去住一两百的家庭旅舍。其实，孩子很聪明。在宽敞的大厅里会格外高兴，又是画画，又是佯装看书；而对一些外面还时不时有一堆垃圾，以及晚上堆满夜宵摊的小旅馆呢，也会露出不高兴的表情，又吵又闹，发脾气。

我不想由着她，也很少理睬。对于三四岁的孩子，最好的方式，是让她宣泄完自己的情感后，认识到自己的无理，慢慢适应环境。但后来，这样的情况多了，她就慢慢习惯了，在哪里都可以玩出自己的乐趣。

有人问我，你女儿怎么不会为了某件衣服挑三拣四，明明她有更多的机会挑选好看的衣服，背好看的包。

我说，无论现在还是未来，我都希望，自己的女儿既能够讲究，又能够将就。谁知道我们是不是真的能护她一辈子呢?

我和老陈有一个共识，今时今日，她在别人眼中是那个可以随心所欲的孩子，但她一定要明白一件事：终有一天，父母会离开她，她要一个人面对风雨，面对周遭的一切。那个时候，她如果能够一个人，在世界上骄傲地活下去，才是最大的本事。

父母给予孩子最好的爱，并不仅仅是所谓的穷养富养，而是让她能够无论何时，都能倔强而努力地向阳生长。

许多时候，我们都不知道生活的浪潮会如何袭来，我们可以教给孩子的事情很多，但最重要的，是培养他拥有本事的能力——在顺境和逆境中都能够健康成长，相信自己能够长成树。

孩子，你永远不需要成为妈妈的骄傲

在许多外人的眼中，我会有两种形象，两者有时是对立的，没有交集。

有一种人说：你是个好妈妈，对女儿从出生开始的每一步都精心设计，从数字，到语言，到习惯的培养。一岁时去早教班，硬生生攒了三个月的工资，给孩子上辅导班；四岁让孩子学英语，每天还在家复习。可以说是很用心了。

也有一种人说：你实在算不上一个好妈妈。你很少陪女儿入睡，女儿睡的时候也在工作，在家陪伴孩子的时间也不算多，也有点粗心，偶尔还会把孩子的衣服穿反了。

对于这两种说法，我一笑了之。事实上，我也总是问自己，对于女儿，我那么努力是为了什么。

直到有一天，一位年长的朋友看到我女儿，夸她努力勤奋，也非常独立。蓦地，她转头对我女儿说：你妈妈那么努力，你也要好好努力啊，以后一定要考个好大学，给妈妈争气。

我几乎脱口而出说：不用不用，不用给我争气。到那个时候，我才明白，我根本没有想过，让女儿成为我的骄傲。

在根深蒂固的传统概念里，孩子是父母的一种延续。这样的延续除了生命，包括让孩子承担起自己的体面、家族的荣耀抑或是整个命运的逆转。可是，这样的观念，对于孩子来说，却是不堪重负的压力。

这些年，我见过很多父母，他们几乎用着蛮劲在培养孩子，而一旦孩子没有达到预期，父母就很容易精神崩溃。

曾经有一个母亲和我聊过她和孩子的故事。

她几乎声泪俱下地和我说这些年拉扯一个孩子的辛苦。比如为了孩子，省吃俭用买了学区房，让孩子接受最好的教育；比如给他买保健品，一周两三百的花费是常态；比如为了不让孩子落后，给他请昂贵的家教。再后来，为了更好地照顾孩子，索性辞职，专心在家当全职妈妈。可是，孩子的成绩非常不稳定，时而名列前茅，时而在中游，考上重点高中也比较危险。

我一边慨叹一个母亲的伟大，而另一边，也在心酸一个女人的付出。

这位妈妈伤心地说：我那么努力，他却读不好书，我觉得我的所有牺牲都白费了。

我说：恕我直言，你真的是一个伟大的妈妈，但是你也是一个迷失了自己的妈妈。

这个世界对女人真的太严苛了，既要成为好看的女人，又要成为合格的妈妈，最好是上得厅堂，下得厨房，教得了作业，改得了试卷。

可是，教育一个孩子的终极目的，不是让孩子成为你所希望的人，而是成为他自己想成为的人。我们负责努力培育，但最后的结果还是要靠孩子。就好像一场考试，我们负责努力，至于最后能不能取得好的成绩，尽力就好。

曾经读到过叶圣陶的一句话：我以为好的先生不是教书，不是教学生，乃是教学生学。其实，对于我们父母来说，好的父母不是教孩子，而是教孩子如何学习，如何生活，如何走向自己想要的人生。

两个月前，我去杭州买房子。可以说，这几乎掏空了我这些年的积蓄。

有个朋友说，你真是自找苦吃啊，自己明明在绍兴有房子，生活过得也舒服，偏偏跑去杭州，年纪轻轻，背一身贷款，往后的日子，还有资格潇洒吗？而且，她话锋一转，又不是给她上了好学校，就一定能成为好学生。你花了那么多成本，以后收得回来吗？

我说，我只负责给她我能给她的一切，至于她能成为怎样的人，我不强求。以我自己为例，我爸妈以前为我付出那么多，我真的成为他们想要的模样了吗？身为父母，能做的最好的事，是尽人事，对孩子不强求，也不苛求，问心无愧就好。所以，我从来没有在任何场合说过，希望孩子成为怎样的人。

我自称为孩子的班主任，帮她选择我认为的最优质的教育资源，为她选择最好的老师，为她规划最合适的成长路径，至于其他，她能够给予我怎样的答卷，那都是她的选择。

看到过这样一句话：有些父母，总说自己是孩子的全世界，却希望孩子未来担负起自己的全世界。

而我，更希望，身为父母的我们，看着他们的背影就好，我们各自的人生依然掌握在自己手中。

不要逼着孩子去"出人头地"

朋友说自己的孩子竞选上了学校干部，对此他还蛮高兴。

我跟老陈说：我们问问 Grace，她想不想当大队委。大队委不行的话，班长也可以。

老陈胸有成竹地说：这还用问吗？这必须是想当，但能不能当上是另一回事。

对于这个在老陈眼中的送分题，我倒是有不同的看法。

老陈从小成绩就在班上数一数二，而且体育成绩优秀，又是中队长。婆婆经常说：他真的很厉害呢，每次都在家长会上上台发言。说起这些，婆婆满脸自豪。

这个时候，我妈会默默说一句：我女儿成绩倒是漂亮，但好像和做班干没有太大的缘分。

我在班上成绩靠前，但小学六年没当过班干部，连小组长都没当过。初中、高中都只当过一年班干部，或许是我真的骨子里不喜欢，所以无法对其表现出热情。我是一个比较佛系的人，更希望在台下给别人鼓掌。

老陈不理解我这样的人是什么心态，在学校里呼风唤雨众人瞩目的感觉，不要太好。但以我对 Grace 的了解，她这方面的意愿并不强烈。我甚至能想到，她目前的答案，应该是不想。

由此我忽然想到，父母在我小时候，应该也觉得很无奈吧。当别人手臂上有两条杠时，我却空空如也。虽然成绩优秀，但总不至于拿着成绩单告诉别人：我女儿成绩好。

但老陈胸有成竹。

第二天吃饭的时候，老陈问 Grace：爸爸问你一个问题好不好，你长大了想不想当班长？ Grace 摇头。

老陈噌地站起来：怎么能说不要当班长？上进心呢？

生怕 Grace 不明白什么意思，老陈还解释了一下，就是以后在学校里上课，老师喊"上课"，你说"起立"。

你想当吗？老陈充满期待地问。Grace 摇头。

就是以后做操，你在前面领队。Grace 说：那还不错。

老陈一想，有戏了。那你想当班长吗？

Grace 摇摇头：我不想当班长。

这时已经陷入了一个死循环。老陈拼命以自己的意志让孩子表现出他所认为的上进心，而孩子，只想待在自己框架里的舒适区。

其实，我更理解 Grace，当我们家长理所当然希望"她成为谁"的时候，才是真正的强迫。

我们不说孩子想不想当班长这件事，先来聊聊父母的心理。

想让孩子做班长，有没有父母的虚荣心呢？

孩子对"班长""班干部"的想法，可能跟我们成人不一样。大部分家长觉得成为班干部，拥有两条杠、三条杠，倍儿有面子。说明在一定程度上，孩子得到了大部分学生和老师的认可。

但每个孩子的想法不一样。一部分孩子反而觉得，自己的精力和兴趣并不在这个上面，甚至觉得有压力。（这里的压力，是不自觉影响到自己上学的心情）不想当班干部的孩子，不代表没有能力，也不代表他们不想帮助同学或老师承担工作，而是他们不希望被注视。

我们想让孩子当班干部之前先想一想，到底主要是为了锻炼孩子的能力，还是满足自己的虚荣？

如果是为了锻炼孩子的能力，不仅仅只有当班干部这条路；如果是为了满足自己的虚荣，你不得不承认，这确实是一条路。

在妈妈群里，总是会有妈妈说：我的孩子什么都好，就是不够有表现欲望。私下沟通没问题，但上台却支支吾吾。

我知道，很多人都觉得吃了一辈子这个亏，不希望孩子再吃亏。恕我直言，很多孩子，甚至成人，其实都只具备正常的社交能力：比如跟别人打个招呼，互相回礼；比如把准备好的稿子背熟上台演讲；比如在课外，跟小伙伴玩耍、交流。但他们并没有太大的意愿，成为所谓的 speaker。

演说家确实很炫酷，我们也很希望自己的孩子在台上，我们可以在下面自豪地说：hey，那就是我孩子。

但逼着孩子去成为你眼中的骄傲，是一件很戳心的事。我们应该允许孩子安安静静做自己，允许孩子有自己的空间，允许孩子希望自己不发光。

我一个朋友说：小时候，她总被父母逼上台，以至于现在都有点恐惧父母。被逼着一次次参加比赛，却从来没有得奖过。她并不喜欢这样。一直到高中后她住校，很少跟父母交流，她反而觉得自己终于长大了。所以，她现在更尊重孩子自己的想法。

控制欲太强的父母太要命，太被父母控制的孩子太可怜。

我们要相信一句话：不要逼着孩子去发光。假以时日，他们想要发光，一定会竭尽全力。

关于当班干部这事，有些人一辈子不愿意，有些人突然会转变想法。

以我身边两个同学为例：一个同学，考试永远是班里前五，但到大学毕业，她都没有成为班干部。在我们眼里，她一直是与世无争的状态。毕业工作了几年后，反倒还成了负责一个部门的小领导。

另一个同学，成绩不错，小学连小组长都懒得当。到了初中突然想成为班干部，于是去竞选，如愿以偿。她妈妈还跟她打趣，是不是早恋了，打算在喜欢男生面前争口气呢！她说，不是，就是突然希望自己能够站上台，去锻炼一下自己，选不选上真没那么重要。

有些孩子可能一辈子都不愿意成为班干部，但这并不是他们的人格障碍，更不是性格缺陷，而是在他们的认知范围内，自己并没有太强烈的意愿去成为那个角色。

他们只是选择自己喜欢的方式，仅此而已。

孩子，你真的不必取悦任何人

小米是我朋友的女儿。

我看着她，时常在想十多年前的自己，是不是也和她一样，并不知道好孩子的意义，却拼命地希望成为别人眼中的好孩子。

她今年10岁，长着1米5的大个子，在人群中显得格外出挑，可她终究是一个孩子，一个有点内向的孩子，她希望被肯定，也希望被所有人夸奖，可是却没有人告诉她，不是夸奖才是对好孩子的定义，也不是所有夸奖都需要你忍气吞声才能得到。

有一段时间，我的好友时常看到她的手臂上有瘀青，抑或是好好的课本上，被画得乱七八糟。

好友问她，为什么不告诉老师有人欺负你。

她说，她害怕那个女孩子哭，害怕那个女孩子不再和她玩，也害怕那个女孩子和她反目成仇。

好友没有吭声，在她看来，孩子的事情是不需要大人出手的，除非不可控。大人的出现，有时未必会让事情好转，反而可能陷入更加恶劣的情况。但她很苦恼，让我帮忙拿个主意。

我说：你应该告诉她，能和你成为朋友的人，不是那些总是欺负你的人。而你也不需要这样的朋友。如果有人欺负你，你不是应该去妥协，而是应该想办法让自己如何不再被欺负。

好友说，自己和小米说这段话的时候，故意理直气壮，她并不知道，这个 10 岁的小孩能不能听懂。

若干天后，小米换了一个座位，据说是她自己告诉了老师，她说：那个女孩子还是会欺负我，我不想打回去，但我可以把情况告诉老师。如果老师解决不了，我再想办法。

好友说，这个说着"我不需要和所有人成为好朋友"的小米，忽然变得开朗了许多，有了一种骄傲的自我保护意识，她不再和从前一样，默不作声地把自己袖子里的瘀青藏得很深，书本里再也没有他人的涂涂画画。

这些年，我常常在想，该让孩子成为怎样的人。

年少的时候，种在心底的想"取悦他人"的想法，很多时候都会无疾而终；藏在心里的做"好孩子"的想法，很多时候会表现为懦弱；想让周围的人都喜欢我，大都变成了他们知道你的好，却没人记得你的好。

我现在的脸上还有一道浅浅的疤痕，但我自始至终没有告诉老师，是谁划伤了我，因为我害怕那个同学说我斤斤计较；我很喜欢的玩具被折断了，我没有告诉母亲，只说是我不小心弄断的，后来，这个抢我玩具的女孩子，抢走了我美术比赛时的蜡笔，结果我输掉了比赛；我常常退到最后的位置，让了一个又一个人，为了取悦别人而委屈自己。

我永远记得那一年，我12岁，老师带着我走进办公室，问我，为什么脸上被抓伤了，我哭着说：没关系。以后，躲着他就好了。

她说：你以为这样就是好孩子吗？你知不知道他以后还是会抓伤你，也会抓伤别的同学。不是你不说，他就会感激你，把你当好朋友的。你有没有发现，在评奖中无论我怎样向同学推荐你，你都很少获得高票。

我大概就是她眼中那个恨铁不成钢的孩子吧。

我那时候开始明白：一个人总是想取悦所有人，其实取悦不了任何一个人。明白了这个道理，我开始忽然一脸傲气地撕下了老好人的面具，开始还手，也开始不再被欺负。

美剧《纸牌屋》里有句话：痛苦分两种，一种让你变得更强；另一种毫无价值，只徒添折磨。

不断妥协的后果是，你发现自己的时间和生活里，从来都只有别人，没有自己。

我们为什么要取悦他人？

是因为自己不够好，还是因为别人太强大？都不是。我也是在多年之后才意识到这样的自己并没有变成别人喜欢的样子，也没有变成自己喜欢的样子。

女儿渐渐长大，周围的环境也不断地给她一种观念：要成为人人喜欢的姑娘。无非是谦让一点，再谦让一点；懂事一点，再懂事一点；顺从一点，再顺从一点。

可我还是竭尽全力地希望孩子拥有她自己的骨气和骄傲，比如那天，她见到曾经伸手打她的小哥哥，始终不肯开口喊一声；比如她不愿意在人前跳舞和唱歌的时候，就也不勉强她；比如有人打了她，我也不会骂那个还手的她。

一个人不够有原则，是得不到别人尊重的；一个人拼命地取悦他人，也换不来别人的尊重。

孩子，我不需要你成为一个人人都喜欢的姑娘，你也不必为了任何东西取悦谁。毕竟多年之后踏入生活，见人脸色，不如跟随自己内心。不论你如何，不喜欢你的人都会有。而你终究要成为你自己，活成自己喜欢的样子。

孩子被骂笨蛋，如何化解情绪很重要

一个晚上，Grace 准备睡觉时，突然哭起来：妈妈，我太倒霉了。有同学说我是笨蛋，说我是大眼笨诗诗。

我迷迷糊糊地看着她。她这一哭，我也有点懵。Grace 这个女孩，虽然看起来很勇猛，但为人忠厚，我经常跟我婆婆说：怕是要被 Ricky 欺负。"色厉内荏"，大概形容她也有点贴切。

我婆婆一听，立刻跳了起来：什么？竟然有人说你是笨蛋，你告诉我是谁，我明天去跟班主任说。

Grace 垂着头，受害者就是她现在的姿态。

我脑子里浮现出一万遍有可能的情景：比如她的难过，比如她的无助，比如她的不好意思。

我内心是有疑虑的。我不认为老师会不管这件事，另外，也一定有其他插曲。

但她显然已经陷入其中：××骂我是笨蛋，可能我真的太笨了。

那你告诉老师了吗？

我没有告诉老师。

问到这里，其实事情基本清楚了。

我告诉她：我觉得这件事最好由你自己处理。如果有人骂你笨蛋，我建议你告诉老师，让老师帮你解决。而且妈妈也不觉得你是笨蛋，应该是别人喜欢你，才会给你取个这么可爱的绰号。

Grace 听完，安心地睡觉了。

婆婆问我，明天是不是要跟班主任说呢？

我摇摇头：五分真五分假，小朋友之间的事情，小朋友会处理。小朋友处理不了的，老师会来处理。我们要守界，千万不要越界。

婆婆多少有点不悦。我倒是觉得，这件事已经过去了。

经常有读者问我：自己的孩子在幼儿园被欺负，在小学里被同学孤立了怎么办？这是多么委屈而让人无奈的事情。

作为家长，会心疼孩子，生怕孩子受伤，然而事实上，当你以为孩子受伤的时候，孩子之间的争吵很可能已经结束了。

几年前，在上海闵行区某校门口，曾经发生一起同学家长打孩子事件。

事情的原委是：一个 7 岁男孩放学时，跟一名同年级女同学纠缠打闹。女孩的父亲看到，就冲上去打男孩，男孩转身跑开，女孩的爸爸竟然继续追打，并将男孩粗暴地摔倒在地，以致男孩全身多处软组织受伤，头也被铁栏杆撞伤。

这个新闻看上去是父亲保护自己女儿的行为，实际上，是一个家长越位的反面示例。

还有一个新闻，是一个孩子被同学欺负，孩子的父亲将这名同学杀害。

亲情在教育问题中的越位，是很多家长容易犯的错误。许多父母以为自己的行为是在保护孩子，事实上，你今天为孩子遮掉的风雨，将会是明天风雨到来时孩子的不知所措。

有个故事大家应该也都听说过：双方家长听说自己的孩子受了委屈，正准备干一架。可是，转过头却发现，两个孩子又玩在了一起。

小孩子的世界里，其实最怕的，就是父母过多干预——而这也是为人父母最喜欢做的事。

我一直不赞成一种教育方式：对别人的伤害要忍让，甚至要以德报怨，因为我觉得被伤害后不反抗，会让孩子渐渐失去对这个世界最初的好恶判断，让受伤害的人知道自己不可以随意被伤害，其实就是一种本能。

当然，我也绝不同意，在孩子们有矛盾时，双方家长参与其中，过度干涉。因为这也是孩子世界观形成的过程，重要的是引导，而不是决定。把更多的事情交给孩子去处理，父母少干涉、多引导，才是最重要的。

　　在孩子成长的路上，身为父母的我们始终是一个探索者。我们要相信世界善良的本质，也要拥有坚强的勇气。在孩子成熟世界观形成之前，我们要做的，就是告诉他面对世界的态度和方法。

　　一手包办是溺爱，学会方法才是成熟的养育方式。而在这条路上，我们都有很长的路要走！

受挫力，是孩子最重要的力量

在一次综艺节目上，我看到了一个熟悉的辩论选手的身影——许吉如。上一次看到她谈辩题打擂台的时候，总觉得这个女孩有点用力过猛。

但不得不赞叹她的聪明，清华才女，哈佛高才生；不得不欣赏她的外表，清新，好看；不得不承认，她就是那个闪光女孩。

我一直记得当时她的那个辩题：正确的废话还要说吗？

人会骗人，但眼神不会骗人，那时的许吉如对自己有信心，对赢也很有信心。对自己的期待可以很高，但当摔下来的时候，能不能接住坏的结果，也是一种能力。

许吉如，或许真的没有做好准备。失败后，她哭着离场，脸上没有那股锐气，只有落寞和自责。直到这一次，她又站在赛场上。

从上场开始，她的眼神就一直在躲闪，好像一只抓不住的小兔子。她下意识站在后面，直到导师让她走上前，她才开始自我介绍。完全没有了上一季的"杀伐决断"，也少了那一点刚强和血性。

她在舞台上的时候一直笑，但笑着笑着仿佛就要哭了。她说，对于网上有些人的评价，自己不知道怎么去面对，也不知道怎么调解。

杨幂说：印象很深的是罗振宇老师把这个牌（保她晋级的牌）给你。许吉如回了一句"如果当时那个卡给你，你会要吗？"可以看得出，她对于得到这个卡还是有一点纠结的，好像觉得自己要了同情分，又觉得不拿可惜。

当时另一个老师说：像你这样从小这么优秀的人，就是缺少一个需要很多人以各种方式评价你的市场，这是你要面临的考验。

杨幂的一句话，让我很赞同：有些罪，遭遇一下也没啥。失败对于我来说，习以为常。

这话太戳心了。有多少人，就算活到了一把年纪，依然无法与自己和解，与失败和解。

看看杨幂的心态——失败了也没关系，那就拍拍身上的尘土继续前行。许多时候，我们不是不会失败，而是要去学会面对、接纳失败，这比很多事都重要。

我之所以说这个故事，是因为我觉得自己在养育孩子过程中的一点困惑，恰好在这里得到了答案。

曾经在一个聚会里，一位妈妈跟我说的一段话，让我很惊讶。她和老公都是985院校的毕业生，但他们对孩子的要求是快乐。

"我们要学会接受——孩子是一个快乐的学渣。"重点是"快乐"，这个形容词比后面的名词"学渣"更重要。

乍一听，可真是凡尔赛。要知道，在这个满世界都是打满"鸡血"的妈妈的圈子里，居然有人把快乐放在第一位。

但她接下来的一句话是：这个快乐，不是让她不管学习，而是能够接受失败。

接受失败太重要了，考上什么大学不重要，重要的是能够接受每一个时期的自己。

她说完的时候，我很疑惑：为什么不能是快乐的学霸，非得是快乐的学渣呢？

她说：学霸当然很好，但是如何定义学霸和学渣呢？有些人考99，觉得天都要塌下来了，离满分还差了1分；有些人考98，觉得很不错，还有2分可以进步。这就是每个人看待生活的角度不一样。孩子如果失败了，你要告诉他，努力了，那么就去接受这个结果；如果事情已经成为定局，你要学会的是接受，而不是后悔。要学会总结，而不是自责。

当时我不是很明白，但在许吉如身上，我似乎理解：不管一个人多么优秀，都要学会接受所有"砸"到身上的一切。

失败常有，成功不太多，这才是人生常态啊。

前次，跟 Grace 的班主任沟通了她的情况，尤其是之前老师提到，她并不算一个特别合群的孩子，也没有特别知心和固定的朋友。

我做好了被老师指正的准备。但 Grace 的班主任很认真地告诉我：他很喜欢 Grace 的性格，她的性格里有这个年龄段非常少有的沉稳和坚定，特别难得。

电话那头的我简直惊呆了。要知道，我多想扭转她的性格。

老师给我举了几个例子，听得我都快要落泪了：

有时几个小朋友在追着跑，Grace 也会加入，但这些小朋友可能并不认为她能和大家一起玩。但 Grace 不会很伤心，就自己再去玩其他的。如果换了别的孩子，很可能会到老师面前来哭鼻子，但 Grace 不会，她说：没关系，我自己玩。

中午的时候，Grace 很少跟其他同学一起看书，更多的是找一个角落自己阅读。她告诉老师：因为我害怕控制不住自己会跟别的小朋友说话，所以我让自己一个人看书。

她可以跟小朋友玩得很嗨，但也不害怕孤独，一个人也可以开开心心的。

听到老师讲的这些小事，我真的眼泪快掉下来了，从小到大那么争强好胜的我，未必真的像她一样快乐：可以不活在别人的眼光里；可以不畏惧别人的讨厌；可以承受生活中大大小小的挫折，社交的挫折、情绪的挫折，而这些她都可以接受。

这突然让我觉得，我还不如一个孩子，她能够在别人不喜欢她的时候，依然爱自己。虽然从小到大，我都会给她传达一个理念：别人不喜欢你没关系，都不足以成为你不喜欢自己的理由。

如今，当我还未完全自洽的时候，她已经渐渐做到了。

失败的时候，她会告诉我：妈妈，我要多努力。成功的时候，她也会告诉我：妈妈，我要为自己鼓鼓掌。

我为什么要去逼迫她去参与所谓的"合群"活动？性格已然，我只需要给她鼓鼓掌，就已经足够了。

人这一生，最重要的课程，是学会接受失败。

乔丹有一段话是这样说的：我起码有9000次投球不中，我输过不下300场比赛，有26次人们期待我投入制胜一球而我却失误了。我的一生中失败一个接着一个，但这就是为什么我能够成功。我从未害怕过失败，我可以接受失败，但我不能接受没有尝试。

失败太常见，只是我们所见到的都是成功的别人和失败的自己。

得到的都是侥幸，失去的才是人生。让我们多多鼓励孩子吧：没关系，如果失败了，也是你人生阶段的一个小小的结果，不需要美化，也不需要否定，我们只需要拥抱它，承认它，接受它。

学会角色互换，才是真正的共情

最近，一条"家长孩子角色互换"的视频火了。

视频里，这个福州小学生用家长的语气狂怼父母：爸爸，今天2号了，你的工资条呢？还没发，小悦阿姨的昨天就到账了！

怎么扣这么多钱？

哎呀，你这被扣的每个问题都是我反复提醒过的。不要以为我什么都不知道，自己去看一下你的朋友圈，都是上班时候发的动态。

我要是你的老板，就扣光你的钱，把你开除。你说我每天做这么多作业，有空就看课外书，周末还上那么多兴趣班。我疯了吗？

你说我是为了谁？

你出去了解一下市面上的小孩，有我那么努力的吗？

我有要求你当大老板吗？没有！我有要求你当巨星吗？也没有！

只是上个班而已，你连这个都做不好。我的要求很过分吗？你每天无牵无挂地出门，还不是因为我爱学习，会读书。

你去打听一下我们班韩梅梅的爸爸，工资是他们公司最高的，每个月拿满勤奖，还是优秀员工、劳模、先进工作者，你呢，平时也不跟我沟通单位的事。我看你退休以后怎么办！到时候，人家的家长都去市重点老人活动中心，到有空调的棋牌室斗地主，要不就去市重点公园跳广场舞，你呢？

我最后再给你一次机会，要是再接到你老板的投诉电话，你班也不用上了，我书也不要读了，大家一起在家里喝西北风！

我当时看完这段视频，第一反应是：这难道不是活生生的父母要求孩子的版本吗？

父母总是说：你看我每天上班，你只需要学习就可以，你说我辛辛苦苦工作为了什么？

你看别人家的孩子考试第一、考北大清华，我有要求你这样吗？

让你上个学而已，还考得那么差。

你打听一下别人家的孩子有多出色、多优秀，你呢？

再这样下去，以后找不到工作，没人要你，孤独终老，我们死了就你一个人，谁也不管你。

许多时候，换个位置才发现：父母口口声声地为了孩子好，其实不是完全为了孩子好，有时是为了自己的体面。当我们站在孩子的视角审视自己的时候，其实不妨多问问自己：如果孩子很努力却没有那么好，是不是跟自己很努力却没有那么优秀是一样的？

曾经听到一个广播里的主持人，讲了这样一个故事：一个母亲对她说，我希望我的女儿能够上清华北大，如果上不了，她的人生就完蛋了！现在不努力，以后该怎么办呢？

主持人反问说，那你自己怎么不去考清华北大。那个母亲说，不能啊，我这多大年纪了。

主持人又说，你努力三年，也可以啊。怎么不能呢！你努力一下就可以了。后来那个母亲没有再说下去。

听上去是不是特别像一个笑话。考上清华北大，当然是每个父母心中的梦想。谁没有呢？反正我小时候的梦想也是考上清华北大，我也觉得自己可以考上。然而，现实让我明白，一些事情即使再努力，也不一定能够达到目标。

每一个考上清华北大的人，都努力过；但每一个努力过的人，却不一定都能考上清华北大。

结果论，是父母最关心的；但是结果论，又何其残酷。

就好比我们：你那么努力，年入百万了吗？你那么努力，怎么不如隔壁老王老李？你那么努力，怎么还是不出色？

如果你的孩子问你，你怎么不如谁家的父母，你该怎么回答？

我们是不是会狡辩：你看，父母以前不够努力，所以现在不够好，你可千万不要向爸爸妈妈学习啊。我们很容易就放过那个不优秀的自己，却很难放过那个不优秀的孩子。

有时候我们教育孩子时，会产生一种严重的思维怪圈——过于看重结果。以孩子的未来为代价，进行扭曲式教育。

孩子做了什么，就必须达到什么目标。

有人问我：你孩子那么小开始学英语，怎么还不如谁家的孩子呢？你孩子认认真真学数学，好像也没有表现出特别强的天赋。你那么辛辛苦苦培养孩子，她好像也很一般呢！

我说：努力就好了呀！

这绝对不是一种安慰，学习过程本身，就是一种成长。

她没有浪费过时间，她不后悔；在我的要求下，她的人生没有碌碌无为，我不后悔！

我们回头看看自己的幼年，是不是也没有那么优秀。再看看自己的现在，早出晚归，似乎也常常遇到事业的瓶颈，也好像总不如别人。

己所不欲勿施于人，虽然用在这里不够恰当。但是，活了几十年，我们也该明白了：努力过了，过程即结果。

我常常认为：孩子对我们的爱，其实比我们爱孩子的更多。孩子对我们的要求，其实比我们对孩子的要求更少。

我们总要求孩子不要攀比，不要在物质上和别人家的父母比。而如果孩子够努力，其实我们也该多接受他的当下——谁又是绝对优秀和完美呢？

　　来人间一遭，别活得太苦了。我们的人生，努力过了就好。放过那个努力的孩子和放过那个曾经努力的自己，其实是一样的。

　　做孩子心中那个温暖的父母，也完成自己心态平和的转变，已是成长。

PART 5

孩子，你可以这样做

大胆一点，让孩子去见世面

五一带 Grace 去外面旅行。到酒店刚在就餐区坐下来，Grace 就跑去问酒店服务员：哪里有洗手间？得到答案后一个人去了卫生间。

因为那是一个比较封闭的场所，所以，在我可见范围内，是允许她一个人前往的。

回来的路上，我看到一个外国阿姨拦住了她。Grace 调转头，指了指洗手间门口方向。那个时候，我已经跟在 Grace 后面了，毕竟也怕中途发生意外。

外国阿姨走后，我问 Grace：你怎么跟陌生人说话？

我不生气，退一万步讲，那个酒店就餐区只有一个出口，也不会发生意外。但我曾经和她说了一万遍：不要跟陌生人说话，也很想在实际中验证下她对这句话的理解和应对方法。

Grace 说，你可能不知道，那个洗手间附近，有服务员阿姨，不会有事的。说完很自然地耸耸肩，她认为那是比较安全的环境。我听后欣慰地笑笑。

想起一年前，我们去泰国旅行。Grace 熟练地在自助餐厅和服务员进行简单的英文交流。

邻桌的一个老太太问我：你是不是带着她去了很多地方？我拿出自己惯有的谦虚：那也没有，就是附近有时间出去转转。老太太说，孩子很懂情理，有礼貌，也很活泼，但并没有不合规矩。

她自然是用了溢美之词，但我想说，再年幼一点，Grace 在别人眼中，就是那个熊孩子。在火车上可以把邻座的爷爷吵醒；去酒店会打翻杯子；去公共场所跟别人抢玩具的时候非常霸道。

但现在不会了，孩子确实在慢慢成长。而这样的成长，也是在一次次的经历中形成的。

曾经有一段时间，我们家一起出门，我总是像队长，带着我妈、我婆婆，Grace，还有一个还不会走路的 Ricky。

经常有人问我：孩子那么小，况且老陈还不是常常有假期。去旅行这事你一个人要负责从机票、火车票，再到酒店、饭馆的各种事情，累不累？

但我并不觉得这是一种麻烦。你会发现，孩子外出的经历带给他的成长，会比你想象得更多。

我总是会想起这样一件事：在澳大利亚旅行的时候，我们曾经去海边玩，碰到一户来自新加坡的家庭。这个妈妈，带了四个孩子，两个男孩，两个女孩，最大的 18 岁，最小的 9 岁。

在交谈中我了解到，在孩子很小的时候，这个妈妈就会在每年休假时自己带着孩子出门（她先生没有一同前往）。其中一个男孩跟我用并不熟练的中文交流，对此我很惊讶。他说：新加坡许多学校都开设了中文课程，他也学习了其他国家的语言。

他告诉我自己去过中国的哪些城市；哪条街他觉得最有味道；哪里的人说话的感觉是怎样的；哪里的美食他觉得该怎么吃更美味。

在他的眼神里，有着对于自己走过的路的欣喜，更是带着自豪。也让我坚信：我相信自己走过的路，自己见过的人，都是人生的财富。

这几个孩子并没有穿着华丽的服装，甚至背的书包也很旧了。中途换下来的衣服，他们随手就放进书包里，动作非常自然。

见我一个人忙不过来的时候，他们会帮我来拎重物；还会非常热情并真诚地教我，如何更好地滑沙，因为他们都能够轻而易举地从山上滑下去，而我的滑沙板却经常卡在半路。

一路过来，无论是那个不满 10 岁的小女孩，还是已经成年的男孩子，给我这个陌生人的感觉，皆是：成熟，得体，有爱，不浮夸，也不做作。

有见识的父母，不简单地等同于有钱的父母。前者往往有着这样的特征：努力，勤奋，有以此拼搏而来的经济基础，有后天学习和自我修养形成的教养，最重要的，是拥有对万事万物的平和心态。

而我现在更觉得，让孩子见世面，是多么的重要！

一个人不应该囿于江湖，而是应该走南闯北；一个人不需要为了物质而束缚自己，应该到更广阔的天空走走。

见过世面的孩子，更容易对物质和欲望保持一种平和的宁静，而对精神有着无限的渴求。

因为他们从小不缺少物质，所以，不太需要用买买买来满足自己；因为从小见过太多的人和事，能够心态平和地对待别人的对和错；因为他们走过大山大水，所以视野不会太过局限。

对外界事物的判断，对自我成长的认知，对人和事的应对，他们有自己的理解和自信。

再说一个我身边的朋友吧，我们叫他小宁，他比我大不了几岁，现在已经是企业的高管，在他的身上，永远体现着"见识"的风范。

年收入 80 万的时候，他依然开着一辆 20 万不到的车子；聚餐的时候常常一身运动服，简单得看不出价格；他也会去路边烧烤摊吃串串，和我们大快朵颐。

他有很多朋友，但在他眼里，只有值得信赖和不值得信赖的朋友，没有所谓的穷朋友和富朋友。

有一次，我们几个朋友坐在他的车上，有一个朋友问，你怎么不换一辆车，实在太配不上你的身份了。

他笑了笑，说：身份是什么？你可以告诉我吗？

那个朋友说，身份就是，你现在也是个高管，好歹要开一辆40万左右的车子啊。

他打趣着说，果然，我要更努力才是。因为，我看上去还需要用一辆车来证明自己。

他的父亲曾经也是一个国有企业的小领导。他说，父亲非常刻苦，因为某些原因他只有初中毕业，全国恢复高考后立刻去考了大学。他的父亲喜欢读书，他小时候，总是看到父亲一个人在台灯下看书，也不知道几点才入睡。后来父亲成了小领导，没有任何背景的他，成了一家人的骄傲。

衣食自然无缺，但小宁说，那时，带给他的并不仅仅是物质的满足，而是他通过父亲的做法，坚定地觉得，自己的努力是可以改变命运的。除此之外，他的父亲最大的特点是——总是带着他见世面。

小宁说，父亲以前外出出差，在他没有课时总是会带着他，也会和单位多请假一天，开完会之后带他去游玩。暑假时，父亲会给他批发一些凉鞋，让他到可以摆摊的地方售卖。不是为了钱，因为经常一天都卖不了一两双，但在卖鞋的过程中他知道了如何和买鞋的人交流。当然，他也体会到了赚钱的不容易。

小宁说，他觉得自己比其他孩子更幸福的，不是有没有钱，而是发现自己体会过更多的人生，见过更多的人，变得开朗和从容。

"物质上的满足，对于我来说，并不是最重要的。现在，我自己成了孩子的父亲，我父亲还是告诉我，作为父亲，一定要足够努力，给孩子优渥的环境，并且让孩子知道通过努力，可以得到想要的东西；一定要给孩子广阔的天地，而不是只知道读书，不去看一看外面的世界。"

小宁说，父母让他知道，如何从容地对待物质，努力地面对生活。

我也很希望成为一个有见识的母亲，希望自己在孩子眼中，是勤奋的，努力的，热爱生活的，是可以不需要为不喜欢做的事折腰，内心是有安全感的。也希望自己的女儿，能够在见天地，见众生中，心怀慈悲，不为物质所困，也知道奋斗的意义。可以看到外面世界的精彩，体验人间的一切。

我们所谓的富养，其实更多停留在物质上，是尽自己最大的努力去拼命给予孩子想要的东西。但这样的做法，可能会让孩子有一种错觉——这个世界所有好的一切，都应该是我的。

而真正的富养，是一种言传身教，是让孩子在成长中，慢慢形成自身的价值观，对物质有着不盲从的淡定。

我很喜欢的一句话是，父母是孩子的终身相伴者，是和孩子风雨同行的那个人。

成为一个有见识的父母，让孩子成为一个见过世面的孩子，何其重要。因为只有这样，才能让孩子知道未来的宽阔，让孩子明白世界的广袤，从而拥有平和的生活态度和生机勃勃的勇气。

孩子被骂笨，方法在这里

带 Grace 去游乐场玩，一群孩子在休息区围在一起做逻辑游戏。

有一个妈妈坐在中间，扮演着出题人的角色，不断冒出一个个问题：三角形有几个角？梯形有几条边？ 4+5 等于多少？

……

孩子们有一茬没一茬地回答着。孩子生来就充满好奇心，于是后来所有的注意力，都在这个妈妈的题目上了，游戏也顾不上玩了。真是大型考试现场。

我们一群家长坐在外围，看孩子们闹哄哄地做题目。顺便也心照不宣看看自己的孩子，在同龄人中是什么水平。

其中有一个男孩子，比其他孩子高大很多，却安静地站在那里，一言不发。

一个年纪稍大的奶奶走过去问他：其他小朋友都在回答，你怎么不回答呀？3+5等于多少？

男孩没说话，奶奶啧啧了一下：哎呀，真的太笨了吧！看上去高高大大也不太灵光呢！

男孩的妈妈见状冲过去：你这奶奶怎么说话呢？我儿子不想说话怎么了？

场面陷入尴尬。

我儿子就算不知道，也轮不到你来说笨！妈妈特别"凶悍"，并且一副"完全无法妥协"的样子。奶奶也知道理亏，拉着自己的孙女走了。

场面激烈到有点触动我，在和老陈聊起来的时候，说：我很意外这个妈妈的情绪。

老陈说：如果是我，我也会和这个妈妈一样。我孩子没有错，他只是不爱说话，凭什么被别人指指点点。

老陈觉得父母就像是站在孩子身后的大树，小心翼翼地保护着孩子的成长。

什么是优秀的孩子？世俗其实有默认的心照不宣的标准答案：就是让孩子长成别的家长羡慕的模样。

可是，孩子与孩子之间的性格差异，实在太大了。尊重孩子的差异性，又是何等重要的事情！

女儿英语班上，有一个女孩子让我印象很深刻。每一次公开课，轮到她回答问题的时候，任凭怎么劝，她都不愿意上台。其他孩子在上面玩耍，她一个人安安静静坐在下面，一言不发。

她的母亲是一个很温婉的女人，有时会去劝，有时就坐在那里，尴尬地笑笑。她能说什么呢？

当然，像我这样的家长，也会潜意识认为这个女孩可能英语并不好，在开口表达方面可能不行。

事实却是很打脸的。在我们英语课后练习群里，这个女孩子的妈妈把课后作业发到了群里，我们看到：女孩子英语非常好，能很流利地把每一个单词读下来，口齿清晰，字正腔圆。

许多时候，你看到的事实真的未必是事实。她很好，只是没有活在大家的期待中。

我们常常在否定一种差异性——那就是不符合大家期待的孩子，就不是好孩子。

上课不爱举手发言，就是没有好好听讲；上课过于活泼，就是三心二意；人前不够文静，就是心思活络；人前不爱说话，可能就是自闭。

对一个正常孩子的界定，并没有统一的标准。更多的时候，成年人会把孩子放入既定框架里，不在框架里的就觉得是不正确。

一个妈妈曾经跟我说过自己的困惑：如何不去定义孩子的人

生？包括自己的孩子，也包括别人的孩子。现在想来，这个困惑其实好像很多妈妈，包括我在内，都会有。

你有没有无意识地骂过孩子"笨蛋"？

你有没有生气时对孩子脱口而出：你怎么这么不行！

你有时会不会觉得别人家的孩子比自己孩子优秀很多？

你有没有在孩子被老师、长辈、邻居等熟悉的人轻蔑时，默默无言？

比告诉孩子"你要加油"更重要的，是相信孩子，支持孩子，告诉孩子"别理他们，骂你的人，都是不对的"，引导孩子去抵抗这样的纷纷扰扰。孩子被攻击的时候，不要给孩子灌输有则改之无则加勉的心态，要知道，孩子最希望看到妈妈的——是保护，是帮他驱逐外界的伤害。

一个朋友跟我说，他的儿子因为在幼儿园不敢从一个较高的台子上跳下来，就被别人嘲笑。老师嘲笑他、同学嘲笑他，所有的人都认定：你是一个男孩子，怎么胆子那么小！

于是，她儿子真的从来都不敢。

某次，老师又当着她的面指责孩子的时候，好友很生气，但还是说：宁宁（孩子的小名）不是这样的，他很勇敢。然后转头跟孩子说：宁宁，妈妈在下面保护你，你放心跳就是。她的儿子就真的从高处跳了下来，几乎把老师都惊讶到了。

不是孩子不行，是我们不够相信孩子可以。我们甚至会站在别人家父母的角度看待自己的孩子。孩子确实某方面的表现不够好，但他的信心更多来自父母。

我常常说，我女儿不是一个天资非常聪明的人。比起那些读一遍就能背诵，5岁就能认识1000字的孩子，她真的差太远了。可是，越是这样的孩子，越需要的，是父母的鼓励和爱。

虽然我对她的教育近乎严苛，但我始终遵循的是：当周围有人说她不够优秀的时候，我都会挺身而出说妈妈相信你；当所有人都觉得她优秀的时候，要提醒她保持清醒；当有人都说她不行的时候，要让她知道自己的优秀。所以这一路走来，她也慢慢知道——努力，是可以让自己越来越优秀的。

Grace刚开始学钢琴的时候，效果并不好，家人和老师都建议让她放弃，我说让她再试一下吧；学英语的时候，她的同学都会用英语讲故事了，她还无法用短句表达，我只好一遍一遍教她自然拼读、口语练习；学逻辑思维的时候，不知道被她气哭过多少回，但还是不断安慰自己，孩子嘛，学习总是有一个过程。

暂时的波折又有什么关系呢？养育一个孩子从来就不是容易的。

父母希望的是让孩子健康成长，让他懂得道理，最后成为一个对社会有用的人。他或许没有那么优秀，但如何让他勇敢、自信、对世界充满信任，需要每一个父母在孩子成长过程中，不断给予其力量。

孩子被骂长得丑，到底该怎么办

一个妈妈曾经问我：家庭聚会的时候，女儿被别的亲戚当众嘲笑，有亲戚吐槽她眼睛长得小，人称"肉里眼"，眼睛长进了肉里；有亲戚说她鼻梁塌，山根偏矮，而且用的是讥笑的语气。

这让妈妈很是苦恼。

或许在亲戚看来，这不过是跟小孩子开的玩笑，似乎不能计较。但看着5岁的孩子，周转在亲戚中，不停地打这些亲戚，真的有一点心疼。孩子也知道自己被嘲笑了，打他们是她唯一能做的。而这些大人，似乎依然没有收口的迹象。

她生气地拉走了女儿，心里很压抑，甚至于很长一段时间，都避免看到这些亲戚。一直到某天，孩子问妈妈：我真的长得丑吗？

她才意识到，自己在冷嘲热讽中的"无用"，可能间接对孩子造成了伤害。作为局外人，我们可以义正词严地说——去怼啊。但面对的是熟悉的人，却可能真的开不了口。

在孩子幼年的成长时期，我们很容易忽视他们的两种心理——一种是自信，一种是自卑。

事实上，一个人很少有与生俱来的自信，也很少有天然存在的自卑，更多的是外界的反馈告诉他，你可以，或者你不可以。

这让她开始有了自己的判断。尤其在外貌上，这是孩子最开始接触到的外界对自我的认识。很多人很喜欢用外貌评论一个人，我觉得不是坏事，这是个人言论的自由，甚至于在身后对他人的外貌指手画脚，我都认为是他的权利。但当着孩子的面，对孩子的脸指手画脚，我从来都觉得不妥。

最近出门，女儿总会被夸漂亮，我听听便罢了。想想大部分时候，遇到的人都很良善，看到小姑娘，都会往优点说。

孩子长得怎么样，父母怎么会不知道呢？自己照照镜，就知道孩子以后的长相。

其实，Grace 的外貌也曾被人吐槽过。婆婆给我描述过：小时候 Grace 坐在婴儿车里时，有些老人路过，总是有一言难尽的表情。抑或是告诉婆婆：你给她嘴唇压一压，鼻梁捏一捏。

婆婆说：你都不知道我有多戳心！老人好面子，总觉得外人说了自己孙女几句，天都要塌下来了。

我们家人鼻梁骨确实都低，从我妈开始，到我，再到 Grace，鼻梁都塌，山根几乎没有。我从小也是被叫"塌鼻子"，人家觉得这个绰号很有意思，但我不觉得。

我妈总是很自信地说：我女儿鼻子塌，但是也很漂亮。所以，长大后，就算我知道自己长得不是一等一的好看，依然可以自信满满地走在路上。对于 Grace，其实也是一样的。

Grace 年幼的时候，在游乐场有一个比她大几岁的女孩子，联合别的孩子，大声对 Grace 说：你长得好丑啊，我们才不要跟你玩！她母亲也在旁边。当时，我是有点生气的。但我没有直接对着那个女孩子发火，更没有冲向她的父母。事态扩大到难以收拾，对于彼此来说，都不是好事。

但我觉得这是教育 Grace 的机会。女孩可能并不是真的觉得 Grace 丑，可能只是不喜欢 Grace，但是她对 Grace 刹那间的心理冲击已经发生了。

Grace 缩着头，眼泪都快落下来。面对比她高大的孩子，因为她丑所以不想跟她玩的情况，她不知道怎么应对。

我问 Grace：如果是你，可不可以这样去说别人的外貌？

Grace 摇摇头：不可以。

那么，她这样的行为对吗？

Grace 摇摇头。女孩的妈妈没有作声，眼睛瞥向了我。

女孩气冲冲地说了一句：我们走！我跟 Grace 说：妈妈也并不

觉得，你必须得跟她们玩。

Grace 幽幽地说：可妈妈，她说我丑。

这是她难以跨过去的心结。

不管别人怎么说，妈妈都觉得 Grace 是一个很漂亮的小孩子。

Grace 的笑容舒展开来。她得到了自己想要的答案。

都说要教育孩子学会控制情绪，但事实上，大部分时候，首先要做的，是消化情绪。对于父母来说，帮助孩子消化情绪，不让负面事情对孩子造成打击非常重要。

认为童言无忌，这是从大人的角度来看。但是对于受到负面情绪的孩子来说，则"童言有忌"，他内心的挣扎，可能会更多一些。在无助的时候，作为父母的我们，可能是他能想到的寻求帮助的人。

而父母，应该成为他的光。

曾经我的一个朋友，讲过一件让我蛮感慨的事。

他说，他到现在都感谢自己的母亲，感谢她愿意帮助他度过那段灰暗时光。

小时候，他口吃非常厉害，经常一句话说不完整，越着急，越说不全；越着急，越结巴。有时，老师上课叫他回答问题，他还没开始回答，下面已经笑成一片。任课老师未必能真的体察到他的苦恼，随便吼吼那几个故意模仿的同学也就完事。但他面对的是，课后，也不断被同学模仿和嘲笑他的口吃。

他性格温和，不喜争辩，只能在那里哭。他把这事告诉了母亲之后，母亲第一时间去了学校，跟班主任说明情况，告诉她：班上的这些事已经对她的孩子心理情况造成了影响，请老师一定要帮忙处理。做这件事，不是为了斥责这些同学，甚至于他的母亲，都不知道谁嘲笑了他。

而且，她还跟老师说：不要去责怪某个同学，我希望的是能够制止对别人缺点进行嘲笑的行为。

班主任答应了，也把这件事处理得很好。她母亲又亲自找了几个任课老师，说明了情况。从那以后，班上不再有同学嘲笑他。而他也一步一步克服了口吃。虽然现在偶尔也会结巴，但没有太大的影响。

许多时候，不要总说，孩子，你要练就强大的内心，走自己的路，让别人去说吧。在孩子成年之前，父母要带着孩子一步一步走，一直到他们能独立地走，自信勇敢地走。

人这一生，会碰到善良的人，也会碰到不怀善意的人。面对一些不那么善意的言论，不论说者是有心，还是无意，父母都要关照到孩子的内心：不伤害别人，但也不被别人伤害。

教育界总是很认可一句话：父母要活成孩子的一道光，因为那才会照亮他们看到美好世界的路。

孩子不爱交际，要纠正吗？

前次的女儿家长开放日结束后，我的心情五味杂陈。到了幼升小的阶段，除了关心孩子学到了什么，我也开始关注她的学习习惯、生活习惯，以及社交能力。

比较让我揪心的，是最后一点。

老陈不是一个非常具备社交能力的人，我一直深刻相信遗传的力量，这点在 Grace 身上似乎得到了佐证。

当天家长会上她的表现，也进一步证实了一点：女儿可能并不是一个善于表达情感，或者喜欢交朋友的人。跟老师私下聊了聊，也进一步证实了我当天的猜测：她跟小朋友交流并没有任何问题，孩子情绪平和，有自己的想法；如果有其他小朋友做错事，她一定会指出来，让他改正（这也可能会引起其他小朋友反感）；在班上没有特别知心的朋友和玩伴；中午阅读的时候，不喜欢到人群中交流，喜欢一个人看书。

老师非常坦诚：Grace 非常具有规则意识，而且阅读比较专注；但她在与朋辈沟通上需要加强。

我不知道大家看到这里是怎样的心情。

再跟大家说一些细节吧：当天的开放日，老师上课出了一个推理问题，我发现，Grace 非常轻松就在纸上写出了答案，虽然没有举手回答。

上课的时候也一直认真听老师和同学回答问题，其间举手了三次。但做两两角色扮演的时候，班上有三个小朋友没有找到配合的人，其中一个就是 Grace。

有固定玩伴的小朋友，都会主动彼此搭伙。但 Grace 没有，她比较被动，也一直是典型的独来独往的性格，不与人冲突，但也喜欢一个人。但在现场，我还是挺尴尬的。

我问她：为什么不主动上去？她说：因为找不到合适的人。

我问她：对于公开课的表现，你满意吗？她说："我觉得还是挺满意的。

我不由自主提到了前面的细节。

她跟我说了两句话：我在班上也会跟小朋友玩，这没有问题。但我认为，别的小朋友愿意跟我玩，也可以。不愿意跟我玩，我就自己跟自己玩。关于阅读这件事，我非常不喜欢有人跟我一起看书，因为容易打扰到我。

别的小朋友不跟你玩，你会觉得难过吗？

她说：不会，又有什么关系呢？

看到她的坦然，我忽然有点松了一口气，她不在意，也是好事。

因为我与 Grace 性格明显不一样，她的性格更接近老陈。我很想知道这类性格的真实感受。尤其是学生时代，他们到底如何看待自己的性格。

作为母亲，我总会希望孩子的性格往我认为有利的方面发展。但作为她自己，或许需要保持自我性格的舒适度。

回家我和老陈探讨了性格问题，他给我聊了一下性格色彩，他认为，他和 Grace，属于蓝色性格。

红色性格的人积极乐观，情绪有些大起大落，富有感染力，真诚主动，善于表达，但疏于兑现承诺，这山望着那山高。

蓝色性格的人思想深邃，情感脆弱，默默关心他人，喜好批判和挑剔，敏感而细腻，不喜欢主动与人沟通，计划性强，容易患得患失。

黄色性格的人行动迅速，坚持不懈，善于对他人提出忠告，控制欲强，不感情用事。

绿色性格的人温柔平和，拒绝改变，会为他人考虑，胆小被动，心平气和，没有主见，善于协调，缺乏创意。

从性格色彩方面来说，每一种性格都有每一种性格的优势，也都有各自的缺陷。

我在没有告知老陈 Grace 课堂表现的情况下，问了他三个问题：

第一个：如果在班上没有朋友，你会难过吗？

他说：不会。交朋友这件事从来不是一厢情愿的，不要勉强他人，也不要勉强自己，要学会自洽。

第二个：还记不记得，高中同班的时候，品行得分优秀的人只占10%，我每次都能高票获得，但你成绩比我好，却只有寥寥几票，你怎么看？（我没有炫耀的意思，只是想知道属于另一个世界的对方的想法。）

他说：这不会影响我。我可能不善于交际，但我没有获得高票不代表我品行差。像你们人缘好的，确实在班上如鱼得水，但我们不喜欢交流的，反而有更多独处的时间。

第三个：你如何看待身边那些没有朋友的人？

他说：我不觉得他们有任何问题。

老陈的叙述几乎跟 Grace 的性格体现如出一辙，不谋而合。

我本来的焦虑感，被他驱散了。人缘好，擅长社交的，确实有一种众星拱月感；但一个人人生最好的底色是善良、友好、正义和热爱这个世界的一切。一个人合群可能会让他得到更多的朋友，但只要不是重度社交恐惧，能与别人正常沟通就可以。

这从来不是性格问题，而是性格使然。

我一个朋友，博士毕业，这么多年的学习生涯里，她读了很多书，也结识了很多同学。

她告诉我：一个人如果有独处的能力，反而是一件值得高兴的事。

而她到 30 岁，才学会了与自我相处。

读大学的时候，她去外地求学，一下子不知道该怎么独立生活，连别人不邀请她一起上厕所，她都会偷偷哭很久（女生喜欢结伴上厕所，大家都懂的）。后来，有一个男生追求她，她并不喜欢，但因为孤独，就和他在一起了。这让她每次想起来，都想扇自己巴掌。

后来的她，进入社会，结婚生子。她才发现，那些能够一个人安安静静做事的人，内心大多是圆满的。不需要去刻意讨好别人，也不会觉得全世界对你有敌意。更重要的是，不会因为孤独而去结婚，更不会因为离婚而觉得自己无法生活。

我说：难道不会觉得难受吗？

她回答：自己不难受就好了。就像 Grace，很多时候，你难受的是怕她难受，如果她不难受你就不用改变她；如果你难受是因为你的面子受不了，那需要改变的就是你自己。

我忽然倒吸一口冷气：是啊，我为什么要去改变孩子本来的性格？我需要改变的，只是她不够好的习惯。

之所以写这个事，其实是一种讨论，更是一种自我鞭策。父母可以去改变孩子的习惯，助力孩子的进步，把控孩子的品质，但如果这些方面孩子做得都不错，就不要刻意改变他的性格。

你以为她吃了亏，她很可能甘之如饴；她觉得舒适无比的事，你可能难受异常。当妈六七年，我"终于"也成为"我是为你好"的妈妈。

这个经历有点打脸，但希望与你共同反思——我们当然是为了她好，但我们这样做，她到底好不好？

孩子突然不想上学，到底发生了什么

大概有一个月的时间，Grace 陷入了一种莫名的焦躁。临睡前经常会很沮丧地问我：妈妈，明天是不是还要上幼儿园？这种隐藏的情绪终于在后面的一周爆发了，她时不时提出"妈妈，我想请假"，而且配合那种失望的表情，这让我觉得非常意外。

因为从幼儿园开始，Grace 都对上学表现出非常大的热情，甚至有一次，我想给她转学，她都哭着说，坚决不要转学，要留在现在的学校。

前后这样的转变，让我不仅仅是意外，更多的是心疼。

德国著名的教育家第斯多惠有一句话是：教育的艺术不在于传授的本领，而在于激励、唤醒和鼓舞。那么如果学校的教育让她变得恐惧、失望和自卑，我觉得是时候和老师交流一下近况了。

首先，我和 Grace 进行了一次交流，她觉得平时有哪些疑惑需要妈妈解决的，可以罗列给我。

我大致梳理了孩子的个性弱点：不是非常热衷于跟人交流，也不爱表现自己。性格比较冷淡，在学习上患得患失的心态有些重。

有人可能会提出来：为什么不直接换一个幼儿园呢?

我认为，并没有到换幼儿园的时候。培养孩子的适应能力，远比父母包办选择一个让她觉得舒适的环境更加重要。而且在沟通中，Grace 表示，她并不想换幼儿园。

梳理完思路之后，我跟她开始了谈话，但结果让我很意外，她并不是我所想的那样，也就是她完全颠覆了印象中我对她的一些认识。

你看，亲子教育多微妙，有时不深度跟她谈一谈，就算天天在她身边，都不知道她的想法。

首先，她希望获得活动的参与感。这点让我觉得很意外。我一直觉得她是那个喜欢在路边为别人鼓掌的人，但随着年龄增长，我有点忘了，孩子的心性可能会改变。

她说，妈妈，我也想上台表演，但我并没有被老师选中。在这之前她也曾经和我说过，但我以为只是一句玩笑话，却没想到让孩子感受到了被忽视。我想起在最近一次的晚会上她非常高兴地在台上表演的情景。

她渐渐愿意上场表演，而我却还以为她应该喜欢低调。

其次，她希望获得更加稳定的关系。每一次换完座位，她都会跟我沮丧地说：妈妈，老师又给我换座位了，哪个小朋友没让我和她坐同桌，哪个小朋友很霸道。

这个事情我认为要从两方面看：首先，孩子说的未必是真的，或许她也正是那个不让别人和她坐的女孩；其次，要知会老师，可能会有这样的情况发生。但不要告诉老师是哪个同学，因为小孩子对于很多事情容易误传，这样就非常容易误伤别人。

理清思路非常有利于家长跟老师的沟通。很多时候，家长和老师沟通的时候，并不知道来龙去脉，也没有自己的诉求，就很容易让老师误解：不会是故意找茬的吧？

父母需要全面了解孩子的情况，这是与老师交流的基础。

接下来，就是与老师的全方位沟通：事实＋孩子的情况＋父母的诉求＋最后表示感谢，这些都很重要。

因为是在老师休息时间沟通，所以，我没有催促老师尽快回复。试想一下，老师下班了，回不回是她的权利。所以，不要期待老师秒回，只需要等待就可以了。

然而，老师的秒回却让我有点意外，也就是在这个沟通过程中，我还是会感受到老师、家长、孩子三方的信息不对称，以及老师对孩子观察的用心。

老师的回复是这样的：

1. Grace 无法参加表演活动，是因为她没有上学校的兴趣班，部分表演的成品剧都是在兴趣班直接完成的。而 Grace 只选了周一的蒙氏数学兴趣班，因为其他时间段和学钢琴的时间冲突了。

2. 换座位这件事。老师的初衷是培养孩子的社交能力，然而，对于 Grace 来说，对每一次换座位她都有很大的情绪。其实我是理解的。这并不是 Grace 有社交障碍，而是她比较喜欢稳定的伙伴关系。

在第二个问题上，老师提出了一个方式，问 Grace 有没有特别想一起坐的同学，可以让他们坐在一起。

我拒绝了这个建议，因为 Grace 现在面对的是各种性格的同学，未来会面对各种人，不可能每一次都由父母出面给她找到理想的同伴。

作为家长，在这件事上跟老师的沟通基本已经结束了。许多时候，我们所看到的，不一定是客观的事实；我们从孩子口中听到的，也不一定是她真正经历的。

不是每一件事都能够实现孩子最初的目标，需要父母、孩子、家长慢慢摸索出最优解。

跟老师沟通完之后，我需要把信息反馈给 Grace。我选择了 Grace 的情绪比较稳定的时候，我想这是个好时机。

我提醒她了三点：老师明天可能会找你谈话；你可以表达自己的诉求，但不要随便把自己跟哪些小朋友的矛盾告诉老师，这样很容易误伤小朋友；妈妈帮你沟通过，但很多事情，需要自己主动去争取。

第二天，Grace 回来后，心情大好，心结也放下了。跟我说：妈妈，老师跟我聊过了。我知道该怎么做了！

我趁机问了一句：那明天还去幼儿园吗？她一边啃着鸡腿，一边说：当！然！去！

晚上跟老师道了感谢，是因为作为母亲，从内心感激。

面对孩子成长路上的波动，我们可能觉得：孩子的情绪不对，是因为她自己不对；孩子跟人无法相处，可能是人群不对；孩子受了委屈，一定是老师不管、孩子不懂事。

并不全是。不妨转换一下思路，带孩子努力去适应、去和解、去协调，比去排斥、去对抗、去愤怒，更加有利于她的成长。

学龄前儿童，最重要的是什么？

哈佛大学教授于早在 1991 年就提出了 "peer study"（同伴学习理论），其实也从侧面说明了集体学习的重要性。这并不是要求孩子在学校学到了多少知识，而是慢慢学会与朋辈玩耍、与朋辈学习、与朋辈相处。幼儿园，是开启她人生道路的一扇门，而在这个过程中，父母、老师和她都要学会沟通、理解、互助。她可能会哭，会闹，会自信，会自卑，会骄傲，会沉默，但都没关系。

允许情绪的存在，继而和情绪和解。因为我们常常忽略的那些情绪，可能是孩子得到成长的关键点。而这条路，走稳不容易，走好太难。

孩子突然说脏话，你的解决方法很重要

周末发生了一件事，让我有点生气。在游乐场玩的时候，突然听到 Grace 喊了一句"卧槽"。

听到她这句话，我有点震惊。我们对于 Grace 一直家教甚严，哪怕偶尔调皮，也是要求至少举止得体。我实在不敢想象，一个 6 岁的女孩口中说了这两个字。但定睛一看，旁边正活蹦乱跳的小男孩，口中也喊着"卧槽！卧槽！"

基本知道了事情原委，男孩子的话风影响了 Grace。而 Grace 也觉得有趣，一直喊着这两个字。

为了确认，我走过去问 Grace：你刚才说了什么？

Grace 怯怯地说：卧槽。

她显然知道这两个字戳中了妈妈的心，但她不知道这两个字的意思。

我说：这两个字是骂人的，是不文明的孩子才会说的。今天，妈妈为了让你记住，会打你。

我很少打她，冲她发火后也会跟她道歉。但今天，我不得不打她。

我把 Grace 带到厕所里，只有我和她，我举起手打了她。

她应声叫道：哎哟，妈妈，对不起，我记住了，不能说脏话。

我说：妈妈打你对吗？

Grace 点点头：对，妈妈我不会再这样说话了。

我知道，对于这件事，Grace 也不是有意，我也有点冲动。但我只是想告诉她：不要随便学别人说话，哪怕好玩，也不可以。

Grace 属于模仿型孩子，这类孩子有一个最大的特点：学什么都快，什么都想学，但却不具备过滤的能力。也就是"见好学好，见坏学坏"。

3 到 9 岁阶段的孩子，一般可以分为三类：认知型、模仿型、逆思型。认知型的孩子比较以自我为中心，但脑子很活跃，主动性很强，但很喜欢争辩；模仿型的孩子学什么都快，比较乖，但辨别能力差；还有就是逆思型，这类孩子非常聪明，但总是跟父母反着来，所以，会让人觉得不愉快，但出现天才的概率非常高。

这个阶段的大部分孩子其实都没有完全定型。Grace 有时会故意模仿身边人的语气，小孩想变成大人，大概是每个人都曾期待的。比如我说话的时候，语气里会有"诶，我觉得，我认为"。她现在也会模仿我的这些语气。

比如她的好朋友，喜欢戴小猫发夹。她也会跟我说：妈妈我觉得小猫发夹很漂亮。包括前次，她一个人在浴室里扎头发，后来我才知道，是同班同学在扎头发被她看到了。在她看来，好玩的，有意思的，她都想去模仿，而这样的结果是，她也开始被周围影响着。

她很小的时候，有次在农村玩，和小朋友玩耍时脱口说出了骂人的话，那一次，我没有打她，只是大声告诉她：你不可以！而这现在的她，已经对世界观有了认知，开始有意识地模仿他人，我必须告诉她，模仿这个词是错误的行为。

在我的教育理念里，有两条底线，是孩子必须遵守的：

第一，不能说脏话。

第二，不能撒谎。

不能撒谎是一个人的品行，而不能说脏话，却是一个人的修养。三岁见老，但三岁开始，一个人就开始被周围影响着。说脏话不代表坏，但代表着对世界的无知表达。

我承认，说脏话是人类的本能。有一项研究表明：在额叶系统情绪太过强烈时，脏话会脱口而出。

但孩子的脏话，绝不是情绪的发泄，而是模仿。有修养的人和没有修养的人最大的区别是，懂得如何运用词语表达自己的情绪。当你想说"卧槽"的时候，也可以用"哇，呀"；当你想说一个人"傻B"的时候，你可以用"他不好"来替代。

发泄情绪当然没有太大的问题，但是如何恰到好处地表达自己的情绪，却是需要自己去管理的。我不希望有一天，有人告诉我：你的孩子满嘴脏话，真的很没有教养；我更不希望有一天，她在社会上摸爬滚打的时候，因为说脏话而受到惩罚。这些原本可以避免的问题，其实在孩子的某个成长瞬间就出现了，先是从坏的模仿行为开始，若没被禁止，而后就可能成了习惯说脏话的人。

生孩子之前，我不理解为什么有些父母面对孩子的问题突然会暴跳如雷。但我现在忽然明白了：爱之深，责之切。

Grace 说出脏话那一刻，我脑补她如果是一个别人家的小孩，该多让人生厌，而我也不能因为是自己的孩子，就纵容她。在修养方面，父母太需要帮助孩子来过滤一些糟粕。

而今天，我宁愿成为那个对孩子更严苛的虎妈，也不希望未来她变成一个没有修养的成人。

孩子在幼儿园被咬手指，我只说了一句话

送 Grace 去幼儿园时班主任和我说：昨天 Grace 被班上的小朋友咬了手指，应该不严重。前一天晚上，Grace 并没有和我说起被班上同学咬了手指的事情，不过孩子不哭不闹说明并没有很严重。

老师说，事情的起因是 Grace 在下午剪纸课的时候，拿了旁边一个小朋友的纸，那个小朋友抢不过来，就顺手咬了 Grace。老师也说，我们已经批评了两个孩子，两人都有错。

基本和我预料的一样。

Grace 的性格有点像男孩子，有时喜欢抢别人东西，但被人咬了，只要不是特别厉害，也不会告诉父母，就像没事人一样过

去了。

　　我跟老师说：没关系，我女儿有错在先。而且被咬是别人的反抗，不是非常严重的话，是女儿该受到的惩罚。

　　回家之后，和婆婆说起这件事。婆婆说：小朋友就算反抗，怎么能咬人呢？

　　我说，从整件事情看，女儿并没有任何占理的地方。说得再远一些，我觉得，我们应该纠正女儿在物权意识上的过于自我。

　　身为母亲，不能把眼光只盯在孩子为什么受伤这件事，而是她为什么受伤，以后遇到这件事该怎么办，是不是可以避免。现在的过于保护，到了未来，都是在给他挖坑。

　　我始终相信一句话：一个人的学识水平，决定了他能够飞得多高，一个人的教养，决定了他能够飞得多远。家庭教育的本质是与学校教育的相辅相成，不管你给孩子的物质条件有多优渥，教养，比什么都重要。

　　曾经看过一个新闻：一个 10 岁的小男孩因为嫌楼外施工的电钻声音太吵，影响到自己看动画片，男孩一气之下，用小刀割断了施工者下方的安全绳。后来消防大队出动，总算把人安全救了下来。面对警方的讯问，小孩说，我当时在看《喜羊羊》，外面钻机打墙的声音太吵，我就用刀子把绳子割断了。后来，孩子的爸爸竟然只赔了根安全绳。

　　一阵唏嘘。

不禁想套用偶像剧中的一句话：如果道歉有用，要警察干吗？

不要觉得他是小孩子，做了错事就没有关系：大人怎么能和小孩子计较呢？小孩子不懂事啊，大人要原谅他。

你今天不好好教育他，未来犯了错，后果会如何？那就不仅仅是赔偿那么简单。

他是小孩，犯了错，自己也没有意识到，但你是大人，你要知道他错了。如何惩罚错误的分寸在你这里，但让他知道他错了，是你的责任。

年少的时候，有一件事，让我印象很深刻。

一个很蛮横的小女孩，因为1元钱丢了，于是跟她奶奶说，是我偷了。其实，我跟她并没有太多交集，在平时的时候，她算不上我的好朋友，当然也从来没有交恶。我后来想了想，大概是因为我比较好说话。

当时她奶奶到了学校，问我有没有偷她孙女的钱。面对质疑，我一下子急哭了，但这件事本身错并不在我，是我被冤枉了。于是，我边哭边理直气壮地说，我没有。她奶奶没多说什么就走了。说句题外话，那是我第一次觉得，人不要太懦弱，否则容易被人欺。后来，我跟那个女孩子说，我认为你要向我道歉。第一，你无故冤枉了我；第二，你对我造成了不良影响。那个女孩子也不甘示弱，甩了甩衣袖就走了，一如既往地蛮横。

后来，大概是去年，我听到了关于她的一件事情：她被单位开除了，大概是她为了争夺副主管的职位，四处给现在的副主管穿小鞋，还造谣她泄露内部资料。那个副主管很聪明，把她的话录了下来，直接给了单位领导，并要求领导对自己纠察，如果发现有泄露内部资料之嫌，他愿意辞职并赔偿损失。如果没有，就是她（我那个同学）走。

结果是，我的那个同学离开了公司。

其实，若干年后我并不意外她有这样的举动，也并没有幸灾乐祸。只是觉得，若是她的家庭教育再好一点，告诉她什么事可为，什么事不可为，做什么事会受惩罚，做什么事会得褒奖，那么也不至于如今落得如此难堪。

我常常在面对孩子错误的时候，绝不心慈手软。因为所有的熊孩子身后都一定有一对熊父母，他们可能很少告诉孩子什么是对的，什么是错的。

你今天不告诉孩子什么是对错，明天的生活会告诉他什么是对错。

你今天不惩罚孩子，明天的生活会替你狠狠教育孩子。

有是非存在的才是世界，能让孩子懂是非的才是大智慧的父母。

请告诉孩子：如果有人打了你，这样做很重要

如果有人打了你的孩子，他要不要还手？对于这个有争议的问题，我一直持要还回去的观点，但周围也不乏以下声音：

孩子被打之后，打回去到底是不是最好的方法？

孩子万一碰到一个根本打不过的人，怎么办？

为什么不教育他，让他好好跟别人讲道理？

我认为，打不打回去，首先是分年龄段，其次是分情况。

分年龄段指的是，3 周岁以前，不用过于讲道理，不要太苛求孩子的本能反应。为什么不和孩子讲道理？你不能要求 3 周岁之前的孩子跟人讲道理。这就好比，两个啥都不懂的孩子，你非得跟他们说大道理。这个阶段的孩子被打了，本能反应就是打回去。这不

是简单粗暴，而是他们潜意识的是非观。3周岁，或者再大一点，我们就可以和他们讲道理了。

而且，我们是不是可以告诉孩子寻求更好的途径？

如果父母在身边，可以寻求父母帮忙；如果老师在身边，可以把事情告诉老师，让老师来解决；如果无法获得支援，那么就打回去。打不打得赢另说，但不能助长别人打你的气焰，这是第一位。

分情况指的是，是否在非常危急的情况下。在一个人生命受到威胁的时候，不能苛求受害者反抗的力度。那么在孩子被打的时候，如果情况不是非常危急，允许孩子寻求帮助；如果十分危急，尊重孩子的选择。在不违反法律的前提下，允许当时当刻，做出自认为合理的反应。

而因为校园暴力的存在，这个话题一而再，再而三地被提到。其实，自始至终，我都保留一个态度：如果孩子在被欺负的时候选择打回去的话，我尊重他的决定。

但是，教育要面对的问题，并不仅仅是第一反应，而是一场推己及人的成长。

在这个问题上，首先要搞清楚"主动"和"被动"的关系。孩子是主动打人，还是被迫打人？孩子主动打人的话，父母要向对方孩子和父母道歉，而且要真心实意，如果对方不原谅，一直骂你们，最好也是冷处理。

总有人说"孩子之间打打闹闹总是难免的"，对不起，如果这是挨打那个孩子父母说，那是大度。但如果是你的孩子打了人，就别说这话了。

碰到几个读者，问我：自己的孩子打人了，对方不依不饶怎么办，我已经道歉了啊。我的回答非常统一：没有其他的办法，只能继续沟通协调。孩子打人了，就要承担后果。这就是教训。

孩子主动打人的行为是一定需要纠正的，也就是说这是一个错误行为。父母需要通过批评教育让孩子明白，或者让孩子自己去道歉，哪怕孩子哭得再厉害，再不愿意，也必须让他承担后果。如果孩子没有认识到对错，那父母该有是非观，而对方原不原谅是他们的事。

如果自己的孩子挨打了，被迫做出了反抗的行为。作为父母，一定要表示支持和理解。反抗是一种态度，是在跟对方说：NO。找不到更好途径的孩子，如果用"打回去"的方式反抗，其实并没有错。

被打只是一种行为上的创伤，而事实上，还有很多精神上的。比如被别的孩子的不友好伤害了，该怎么办？

Grace 前段时间在上线上英语课的时候，一个孩子的做法，让她差点哭出来。

早上 8：00 上课，我和她提前进入课堂。Grace 悠悠地跟我说：妈妈，我今天是第一名。有个孩子突然语气很不友好地叫道：你以为你是第一名吗？你以为你是吗？Grace 被她的架势弄蒙了，其实更让她意外的是，Grace 并不觉得这件事情，自己做错了。

妈妈，我不认识她，她为什么这么说我？

我说：她这样做是不对的，也是不友好的。Grace 平时说话能够这样做吗？

Grace 说：不能。

当别的孩子有错误示范时候，我们可以第一时间抓住教育的机会。那么，对于这样的场景，如果 Grace 不友好地回击了呢，我也不会认为她做错了。以暴制暴固然不是最佳途径，但也是一种途径。

但父母要在事后提醒她：我们是否有更好的方式来解决呢？什么行为是正确的，什么行为是错误的，是我们身为父母，必须告诉他们的事。

不伤害别人是一种教养，不被别人伤害是一种态度。

如何面对孩子的非主流爱好

之前有这样一则新闻：黄磊十多岁的女儿黄多多，染了头发。回想起学生时代，染发的同学大多会与坏学生挂钩在一起。而这个别人家的孩子黄多多，却颠覆了很多人的认知。涂口红、挂耳坠，现在还染发，真是让人意外！

几年前，多多打耳洞时，孙莉发了个微博：没有仪式感地完成了，小姑娘，恭喜你啊，为你的勇气点赞。

当时也是一片哗然。

可是，在多多染发这件事上，真的要被否定吗？监护人母亲认可、孩子喜欢这个发色，想必也用了适合的染发膏，无毒无害。悦人悦己，难道理由不足够？

在这一点上，我分外佩服孙莉，她用母亲的接纳和包容告诉大家：在这个多元的社会，女孩可以活得很多样化。

因为每个人，都有权利选择自己的生活。

我曾经看到一种说法：爱美的小女孩，常常能够在未来活得更精彩。因为她们知道自己最好的样子，也懂得如何让自己成为最好的样子。

我更认同：爱美是一种选择，更是一种主见和勇气。

传统观念里，对于什么是好女孩，或者是好学生该有的模样有着近乎标准的答案：最好是齐耳短发，裙子过膝，哪怕没有戴着眼镜，起码也是素面朝天；对于所有爱美的一切，都不在意；心中只有读书、读书、读书！对什么打耳洞、涂口红就更不能容忍了。小女孩爱漂亮干什么，难道是为了吸引男同学吗？

殊不知，爱美，其实也是美育学习中重要的部分。

这从来不是什么"女为悦己者容"，而是女孩子对美开始有了自己的理解。鼓励孩子爱美，却是中国父母最缺失的一部分。

小孩子，为什么要爱美？小孩子，不是应该单纯吗？小孩子爱美的目的是什么？

多么无聊而又令人深思的问题，爱美哪有那么多为什么，爱美就是为了让自己更好地活着。

父母用禁锢的思维思考，导致孩子最初的审美被扼杀，但是，好家长的标准是：让孩子成为最好的自己，这也是对孩子的理解和尊重。

我记得，当时 4 岁的女儿也曾碰到了爱美这个问题。之前我一直以为她很男孩子气，也不爱打扮。

每天都想着变成小王子的她，突然有一天在梳妆台前跟我说：妈妈，你能不能送我一支口红？当她说出内心对于口红的渴望时，我真的狂喜。

她说：Amy（英语班的同学）有一支口红，管子是紫色的，特别好看，但是她不愿意跟我说在哪里买的。妈妈，你能不能也给我买一支口红呢？

我说：当然可以啊。Grace 姐姐长大了。

当天，我就在网上从我朋友那儿下单了口红。我妈妈知道我给女儿买了一支口红，心里是不乐意的：四岁的孩子，怎么能够涂口红呢？她很严肃地提醒我，千万不要让女儿学歪了。

我婆婆也不停地白眼 Grace，小小年纪就这么爱打扮，怎么得了？你啊，要以学习为主，别被打扮分了心。

但我是不管那么多的，她是我的女儿，我尊重她所有关于成长的选择：开始长大，开始爱美，开始知道要以更好的姿态面对别人，就是一种进步。

愿意改变，愿意变得更好，是每个孩子身心健康成长的最好道路。

我在欧洲旅行的时候，看到过太多女孩子，很小的年纪就会自己选衣服，而妈妈看到小孩子在镜子边打扮，也不会制止。

我们不必纠结于孩子究竟喜欢怎样的生活。除了价值观，许多时候，审美的非定性和多元化，也是孩子在成长中需要建立的理念。

而我们太多的父母，尤其是上一代，会将太多自己所谓的审美观，强加在孩子身上：你这样穿才是对的；你这样打扮才是好看的；你千万千万不能怎么做。

殊不知，在一次次的纠正中，孩子开始放弃自己的审美观，是因为妥协，也因为被不停地拒绝。

最好的教育，是尊重孩子的天性，并懂得他的喜好。而对于他每一次迈出的合理范围内的勇气，身为父母，只要对他说一句"加油！"对于他来说，这便是最温暖的鼓励。

上学第一天，女儿得了最后一名

老母亲最期盼的事情，大概就是开学了。经历了一个暑假的鸡飞狗跳，终于可以把孩子扔给学校，真的是花钱买痛快。

开学第一天，早早送女儿去幼儿园，不料，下午回来后的女儿很沮丧。

妈妈，我今天表现不好，是最后一名。

老母亲听到最后一名，心都会紧张一下。我稳定情绪，却也实在难掩内心的挣扎：今天学校里做了什么？

我是穿衣服最后一名。女儿低下头说。

什么？老师批评了吗？

女儿摇摇头：没有批评，但我真的是最后一名。

说真的，我内心喜悦的劲头一下子上来了：终于有人告诉她什么是对的，什么是错的。

对一个"两边老人都当宝"的孩子来说，没有人告诉她什么是生活自理能力。隔代亲，真的是难以破解的题目。就连我这个强硬的母亲，有时也不敢大声嚷嚷。

有一次，我回家竟然看到我妈在给我女儿喂饭，要知道，那时她都快5周岁了。我妈振振有词地说：你要是在家让她自己吃饭，没问题。但你没在，我就喜欢喂她，一口鱼，一口肉，一口奶。

我当时就"冒烟"了：丢不丢人，这么大年纪了，还要人喂着吃饭。

我妈说：喂饭怎么了，谁以后还不会吃饭，小题大做。

见外婆如此爱护，Grace 的得意劲上来了，摇头晃脑，仿佛收到了保护伞：妈妈，我还是一个宝宝呢！

这还不是最糟糕的。女儿的自理能力才是最让我担忧的。

早上起床，往那里一坐，等着奶奶给她穿上。我婆婆宠她，我一跟我婆婆翻脸，Grace 就在那里作。

我跟婆婆说：你能别给她穿衣服了吗？多大的人了。

我婆婆说：那你说，穿衣服慢，感冒了怎么办？现在还好，冬天呢，穿得慢会感冒啊。

可是，Grace 真的不会穿衣服吗？每次去旅游那天，起得比谁都早，早早穿好衣服，还来催促我抓紧时间起床。

吃饭、穿衣这些基本的技能老人一旦不放手，家里就乱作一团。我得承认，在这件事上，我始终不敢跟老人翻脸。

老陈是跟她妈妈吵过一架的，又摔东西，又拉扯女儿，但是好景不长，男人跟女人之间，总是下不了狠手。老陈挣扎了几次，只能作罢。

跟孩子讲不了道理，只能借助外力，趁这次最后一名的现实，我好好教育了她：

一，你可以自己穿衣服吗？

二，穿衣服这件事对你来说有没有难度？

三，你需要妈妈为你做什么？

Grace 是一个胜负心蛮强的人，所以这次老师批评她，自然对于我们家庭教育也是有帮助的。毕竟一不小心，我也成了那个"你再瞎弄，我告诉老师去"的妈妈。

第二天，Grace 回家之后，告诉我，她穿鞋子，不是最后一名。

我近乎夸张地说：你也太棒了吧。

孩子在成长过程中，当然不可能是十全十美的。但一个正常的孩子，到了什么年纪就自然会做什么事。

穿衣、吃饭，是很简单易学的行为，然而在穿衣、吃饭这些简单事情养成的过程中，却是对孩子行为习惯的培养。

为什么有些孩子做事拖拖拉拉？

为什么有些成年人已经不会整理衣物，不会收纳？

为什么很多人已经建立了自己的家庭，还是不知道如何把家里整理得井井有条？

因为，父母在该教育他们做这些事情的年纪，选择了让孩子偷懒，让自己代劳。

"孩子长大就会好的！"

"你不也是我们这样养大的吗？"

"你看你不是也长得好好的？"

你的父母用他们过去的经验不停试图说服你采用一种顺其自然的生活态度，然而他们却忘了对孩子要深爱，但不要溺爱。

溺爱最有可能的后果是：对于这些未做的课程，孩子要在接下来的时间不停去补课。

面对这样的问题，父母到底应该怎么做？下面是我请教了一些育儿专家后整理的答案。

首先，减少隔代干预。在这点上，我几乎没有什么发言权。在跟同龄人中自理能力强的孩子做过比较后，确实可以很明显发现隔代父母养育的孩子，在心理上更加恃宠而骄，孩子的很多事情都会被代劳。

老一辈人和年轻父母之间的教育冲突，客观存在。

比如他们经常跟我说的：谁还不会穿衣、吃饭了？听起来特别在理，但真的是这样吗？

训练孩子的习惯养成，比天性的慢慢形成重要太多。唯一可以做的，或许是减少孩子与爷爷奶奶、外公外婆相处的时间。而我们在与孩子的相处时间里，也想尽一切办法让她自己的事情自己做。

其次，细节方面的问题不要随意妥协。在我面前，女儿非常听话。这个听话并不是一味顺从，而是表现出了一个正常儿童该有的行为：诸如对于背书包、穿衣服、穿袜子、穿鞋子，都可以独立完成。我时常觉得在老人面前的女儿，和在我面前的女儿并不是同一个人。

我对她的要求是，多动脑、多独立去完成，最后实在没办法的时候，再来寻求妈妈的帮助。

女儿为什么一上学就会得最后一名？后来，我反思了下，一整个暑假，除了上兴趣班时间，白天都是由老人带，开学就像是对暑假自理能力的一次检阅，最后一名也算是情理之中。

最后，要鼓励孩子借助外力。老师适当的批评，也会有助于孩子的进步和成长。许多父母担心老师的批评会让孩子失去信心，但我认为适当的挫折教育和鼓励教育都是非常需要的。

当"挫折教育"匹配"鼓励教育"的时候，孩子才能更快地成长。孩子在外界获得"挫折教育"的时候，父母给予适当的"鼓励教育"；孩子在外界获得"鼓励教育"的时候，父母给予适当的"挫折教育"。

我们一定要记住：父母今天在所有行为习惯上偷过的懒，未来都会打在你和孩子的脸上。

真正拉开孩子差距的，不是金钱，而是这一点

前些日子，我们在省城买了套二手房。前房东的女儿刚刚考上私立学校，打算出售学区房，于是，我们成了下一家。参观房间的时候，我们看到孩子的房间里堆满了书，除此之外，是整齐列着的各种兴趣班资料。前房东的孩子考入的是私立学校，几千人报名，最后招了100多个。

父母自然骄傲。考私立学校，第一考的是学生，第二考的是家长。

比如，父亲一直陪着孩子复习，最后阶段帮助她冲刺，帮她梳理一遍考试的大致范围，把知识点记得滚瓜烂熟。母亲呢，负责准备可能考到的考试内容。

这听上去是很累的事，但无疑是当下很多渴求孩子得到更好成

长的父母的真实写照：很多父母已经提前陪孩子跑在路上，这让他们的孩子无论速度如何，都已经跑在了许多人前面。

我们周末就是一起看书，陪她上兴趣班，去外面玩耍，在孩子的学习阶段，父母要开始给孩子做初步的学习规划。孩子的母亲这样说。

父母的见识，从一定程度上，决定了孩子的高度。他站得有多高，决定了他能够看多大的世界。

以色列据说是世界上唯一一个没有文盲的地方，毋庸置疑，犹太人的聪明是公认的。

看过两个关于他们的故事，一个故事是，以色列人很小的时候，父母就会把蜂蜜放书上，然后孩子尝过蜂蜜后会认为，书是甜的。另一个故事是，以色列人会教育孩子，如果着火了，首先要抢救的是书。

有报道说，一直到现在，以色列依旧保持着每年人均 60 本书的阅读量。

父母有多爱学习，孩子就有多爱学习。一个有学识的父母，不可能养出没有教养的孩子；一个没学识的父母，孩子也未必能够走得太远。

现在有一种论调是：寒门再难出贵子。但我认为，这个寒门，更指的是孩子成长家庭中精神上的贫寒，父母学识水平上的欠缺。

学识，一是指父母的学习能力，二是指父母的认知能力。学习能力是能够潜移默化影响孩子的，认知能力是为了帮助孩子走得更远。

再说两个故事：一个故事是关于我幼时的邻居。他们家的经济条件非常一般，但他的父母非常重视对孩子的教育。他比我年纪小，但上学时，他父亲就一箱一箱把书搬进家里，教他学习各种知识。这里想说的是，他也并非无时无刻在学习，和我们在一起的时候，他也玩得很尽兴。

周末，父母带他去我们小城周边游山玩水，上的兴趣班也很少是奥数、写作之类的，而是电子琴、绘画这些他自己真正有兴趣的。

所以，到后来，我们还一脸懵懂，他已经完成了考级；我们还在念 ABC，他已经会流利地说英语；我们还在一页一页看四大名著，他已经读了好几遍。

大概是中学的时候，他们搬家了，再后来，我遇到他，他已经博士毕业。

我曾经和他说：你爸妈的教育观念当时真的很超前。

他说：我是很感谢父母，给了我一个宽松但没有荒废的童年。他们不算很有钱，甚至算不上工薪阶层，但他们尽力把我举得很高，鼓励我去接触更大的世界。

另一个故事是关于我在火车上看到的一对母女的。她们告诉我，几乎每个假期，妈妈都会带着孩子去另一个城市玩一段时间。她用行动实践了一句最通俗的话：读万卷书，行万里路。

课堂上的知识很重要，但父母带她去看怎样的世界也很重要。她给我看她随身带的 iPad，除了老师教的课堂知识，她还给孩子下载了很多网络课程，比如中国近现代史，唐宋文学。她的半个旅行箱里也都是书。

她觉得，父母是孩子的班主任，学校的老师更多是孩子的任课老师，家庭教育才最重要。

而那个小姑娘呢，一路都在津津有味地啃《呼啸山庄》，时不时抬起头和母亲说说里面的人物，想法也很有见地。孩子的见识，取决于父母的见识，取决于父母的选择。而孩子真正的起跑线，其实就是父母。

曾经有一个母亲问我，如何让孩子爱读书？

我说，很简单，买书，自己先读。

她有些疑惑。

我说，如果你每天都是玩手机、打电话，家里完全没有读书氛围，你怎么说服孩子去读书？给孩子读书的氛围，孩子自然会跟着你。

一个月后再见面，她说，这段时间天天逼着自己读书，竟然养成了习惯，而自己的孩子呢，看完书，也会催着她去买书。

你怎么样，孩子就怎么样，你的学识，影响着孩子的学识。无论如何，我们都要知道，孩子是不是你明天的希望是未知的，而你是孩子今天的希望，是已知的。

身为父母，我们都要加油。

孩子不肯叫人，背后的戳心真相是什么

前些日子，Grace 学校开新生家长会，其中一个互动环节是老师跟孩子手拉手一起转圈。

一部分孩子很乐意上台，当然，很多孩子并不愿意，在旁边也有对着家长发脾气的。Grace 坐在边上，也是那个不愿意跟老师和新同学玩游戏的学生。

我问她：你为什么不愿意玩?

她说：我不是非常想玩，我可以看他们玩。

这时，周围已经有很多家长生拉硬拽地哄着孩子上台转圈了。我当时想的是，如果孩子不愿意上去和新同学玩，索性就在下面看着。没想到，我家老陈也格外支持这个想法，他说，要尊重孩子的

陌生感。

活动开始了，很多小朋友在台上玩，有些孩子在一边哭，女儿在一旁看得很高兴，我和先生忽然觉得，尊重孩子的不同，远比所谓的刻意为之好很多。

女儿走的时候，和老师主动说了再见。我问女儿，今天开心吗？她说，很开心。

一个家长在我公众号的后台问我：自己的孩子碰到生人，不愿意主动打招呼，一定要相处一会才开口叫人。该怎么让孩子更有主动性呢？

平心而论，我自己并不赞成，家长刻意让孩子变成一个迎来送往的人。

从认知角度讲，认识一个陌生人，或面对一项陌生的领域，有些人只要一秒钟的反应时间，而有些人可能需要一个小时，半天，或者一整天。

如果自己孩子的性格属于后者，而家长想在短时间内让孩子接受陌生人，很有可能给孩子带来一种恐慌感，继而容易走两个极端：一是为了讨好别人，而形成取悦型人格；另一种是自卑型人格。

我们现在的家长，普遍形成的一种认知是，见到陌生人开口就叫"叔叔""阿姨"的才是好孩子，而那些打死不愿意开口的，就是没礼貌和没家教。可大家也看到了，大多数孩子，在被逼迫的时候，表现出的那种惊恐，实在让人觉得难过。

许多时候，这些表现是由孩子的天性决定的。我们要学会去引导，引导孩子去打招呼，而不是逼迫孩子去打招呼。他不愿意叫人，很可能是因为对对方感到陌生。而我们，应该保留他选择的权利。

　　性格形成的根源大多可以追溯到童年时接受的教育。但成年后，孩子的性格也会有所改变。以我自己为例。我在幼年时期，也并不太爱说话。所以，我父母一直到现在，都认为我是一个内向的人。

　　我不太喜欢跟人打招呼，我清楚地记得，我喜欢躲在角落里观察别人，一直到与对方开始熟悉，认为那个人是安全的，才愿意对其有深入接触。

　　我的父母对我这样的性格表示尊重，虽然他们不理解。但我有我抗拒的方式，比如面对我不喜欢的要求时沉默不语。但我父母现在回想起来，比较放心的是，这样的孩子，往往不容易被诱骗，因为我清楚知道，要与陌生人划清界限，并且不需要任何提醒。

　　一个孩子，与陌生人保持一个安全距离，是他的本能。

　　为什么人要有自己的安全距离？这并不是不礼貌的表现，而是想要确认这个人在他心目中是否是安全的，这很重要。而大多数家长不了解这点，他们只关心自己的孩子是不是肯与任何人打招呼，或许，也更多为了他们自己的面子。

　　通过这些年的对孩子教育，我始终谨记两个字：尊重，尤其是在个性养成上。我觉得孩子的习惯可以培养，但在个性要尊重孩子。一个在家长胁迫下成长的孩子，内心大多是不快乐的。而真正心理健康的孩子，是在家长的引导下长成他自己喜欢的样子。

他不愿意叫人没关系，他有权利以自己喜欢的方式，度过一生。

身为家长，我们要面对的一种真相是：孩子有权利选择他喜欢的人，包括他的行为方式，这与礼貌无关。

对于女儿难以启齿的缺点，我学会了接纳

每次跟人聊孩子的性格问题，我都会很戳心。因为这是我几年来都无法绕开的问题。

在老师的评价里，老大 Grace 是一个不太合群的女孩子。班级里没有特别好的朋友，跟同学能玩在一起，但没有固定伙伴；跟同学玩耍的时候，如果无法参与，就一个人开开心心地自己跟自己玩；没有特殊的交友倾向，平时也没有特别想约出去一起玩的小伙伴。

我想过很多办法，但不管正向引导还是反向教育，她都没有特别的改善。

她不舒服，我也不开心，亲子关系一度都快因为这事破裂了。

但是最近，我发现，慢慢地，我学会了接受，而她也学会了与自己和解。

老师第一次提出 Grace 这个问题的时候，非常委婉。

我给老陈打了电话。坦白说，在这之前，我已经发现了，在老师的照片里，她经常是一个人在做自己的事。

被老师盖戳，自然是确实不合群。老师的初心当然是希望每一个孩子快乐。我记得老师小心翼翼地跟我建议改善的方法：

比如多跟同辈玩；比如跟各种各样的孩子玩；比如注意自己的表达，学会更好地表达自己的情感也有助于她的交友；比如孩子说话的时候，你千万不要打断她。

但天地良心，作为母亲，我不能说不尽心。我真的没做到吗？一旦孩子出现问题，所有人都开始在我这个妈妈身上找原因。当然，还包括我自己，也拼命找自己的原因。

说话的时候不打断她，让她尽可能充分表达自己的情绪；尽量关照她的日常情感起伏；学校的集体活动，我们也基本不落下；每次朋友的孩子邀请一起玩，我们也会参加。

我问 Grace：一起玩的时候，你开心吗？

她会告诉我：很开心，下次有机会还想一起玩。

作为一个父亲不常在身边的孩子，我一度也以为是因为老陈不在身边，造成了她独来独往的性格。但同样的教育环境下，妹妹的性格却比较活跃和外向。

后来，我渐渐在自己和老陈身上，看到了根源。在性格这个问题上，我们需要的，不仅仅是改变，而是学着去和解和接受。

可能最大的根源来自老陈。我觉得他身上最发光的点，就是自洽。无论发生什么冲突，他能都够爱自己，也不伤害别人，他知道自己的软肋，也明白自己的长项。

老陈第一次听说 Grace 性格不合的时候，问了一句：她伤心吗？

我说：她不伤心，她说没人跟她玩，她就自己玩。

老陈笑了：像我。

老陈确实很少社交，这样的弊端是，结婚后，他唯一的朋友就成了我，整天跟在我身后。

我和他是高中同学，他成绩还算不错，但在每一次班级评优投票的时候，他的票数都远远落后于我。

我问过他：你会伤心吗？毕竟我成绩不如你。

他说：没什么好伤心的，这不在我的努力范围内，我更喜欢在学习这个评价体系内努力。

他从小长在农村，相较于每天和同学玩，他最大的爱好是看书和体育。因为他太懒得和别人去争，也不愿意跟人有太多交集，而是安排好自己的时间。

6 岁自己背着橡皮圈去游泳，7 岁会骑 28 寸大自行车，小学的课余时间都在体校里锻炼，还在市运会夺得了第一名。

每次，婆婆说起这些的时候都是满脸骄傲。但他满不在乎：因为没事做啊，所以总要找点事干。

每次他跟我说这些的时候，我都会想到 Grace。

Grace 的爱好挺多的，比如弹琴、书法、画画，最近还学会了网球和自行车。还跟我说：妈妈，你给我买点历史书看看，这样我空下来就可以读书了。

合群和不合群，从来都是双刃剑。合群的孩子，会有比较丰富的感情和内心冲突，更加容易在主观世界获得别人的肯定。不管你是不是认可，那些嘴甜、会说话、会察言观色的孩子，就是比较容易得到长辈和老师的喜欢。

但不合群的孩子，也有他的好处。

著名心理学家安东尼·斯托尔曾说过，过度的社交活动会毁掉人类的本心，简单来说，孩子的自我意识会随着社交活动逐渐消弭，这种心理源于对群体的顺从。不合群的孩子，因为减少了社交，所以更容易在客观世界里找到乐趣。

我经常看到有些文章写着各式各样变内向为外向的方法：《让内向的孩子往人堆里扎，只需要 3 步》《如何让孩子变得外向》《如何让孩子成为社交达人》……

我也用过这些方法，但收效甚微。反而是顺其自然的情况下，Grace 会来和我说每天跟同学之间有趣的事。

我们总是试图从我们的角度，让孩子看起来更符合我们的意愿。但事实上，我们更需要站在孩子的角度看，让他自己觉得舒心。

今年年初的时候，我给自己定了一个小目标：每天让 Grace 告诉我一个小秘密，不再局限于她跟同学之间的故事。因为我发现，之前我对她社交上的在意，反而成了她的一个困扰，刻意地练习让她觉得不自在。

接下来的时间，她更关注到了自己觉得有趣的事情。比如老师上课教他们做了什么手工；比如中午阅读的时候，发现了什么有趣的故事；比如体育课上，哪个游戏让她觉得有困难。

我发现，她的主题里依然很少有关于人际、社交的事情，没有她与同学的故事，也没有同学与同学的故事。她的核心点从来没有在这些方面。

但她跟我说她认为有意思的事情的时候，整个人是有光芒的。

我渐渐觉得，每个人的生活重心，其实都是不一样的。只要不影响自己的生活，也不打扰别人的生活，又有什么对错之分呢？

我知道，看到这篇文章的一部分妈妈，跟我也有同样的困扰。但我用我的实际观察看到：合群和不合群，只是呈现了孩子的不同个性而已，没有好坏，更没有对错。

作为父母，要教会孩子的，不仅仅是合群，而是善良、坚强、淳朴、有底线，以及一定要让孩子学会理解自己，接纳自己，还有爱自己。